Marshall B. Rosenberg

Konflikte lösen durch Gewaltfreie Kommunikation

Das Buch

Wo liegen die Ursachen der Gewalt? Der anerkannte Psychologe und Mediator Marshall B. Rosenberg reiste über dreißig Jahre in die Krisengebiete dieser Welt genauso wie in ganz normale Städte und hörte sich an, was die Menschen zu sagen hatten. Seine Antwort auf die Frage nach der Wurzel der Gewalt: Konflikte und Aggressionen entstehen überall dort, wo Menschen sich in ihrem Bedürfnis nach Respekt und Wertschätzung verletzt fühlen. Auf der Basis dieser Erkenntnis entwickelte Rosenberg das inzwischen weit verbreitete Konzept der Gewaltfreien Kommunikation. Im Gespräch mit Gabriele Seils zeigt der Experte, wie sich Konflikte durch Empathie überwinden lassen: Gefühle aussprechen, Bedürfnisse klären und gemeinsam Lösungen finden. Rosenbergs Methode zeigt sich dabei nicht nur als eine erfolgreiche Gesprächsstrategie. Die Gewaltfreie Kommunikation ist auch eine Haltung, die es Menschen ermöglicht, besser zuzuhören und sich selbst und ihr Gegenüber besser zu verstehen. Rosenbergs Antworten machen deutlich: Es braucht den Mut, die Geschichte des anderen zu hören. Dann kann das Potenzial freigesetzt werden, das in jeder Begegnung steckt, die von Respekt, Neugier und Mitgefühl getragen ist.

Die Autoren

Dr. Marshall B. Rosenberg (1934–2015) war ein Psychologe und Konfliktmediator und entwickelte das inzwischen weltweit verbreitete Konzept der Gewaltfreien Kommunikation. Der Autor lebte in den USA.

Gabriele Seils studierte Germanistik und Anglistik/Amerikanistik und ist freie Journalistin, Mediatorin und Trainerin nach der Methode der Gewaltfreien Kommunikation. Gabriele Seils lebt in Berlin.

Marshall B. Rosenberg

Konflikte lösen durch Gewaltfreie Kommunikation

Ein Gespräch mit Gabriele Seils

HERDER

FREIBURG · BASEL · WIEN

MIX
Papier | Fördert gute Waldnutzung
FSC® C014496

Taschenbuchausgabe 2023

Hermann-Herder-Straße 4, 79104 Freiburg

www.herder.de

Bei Fragen zur Produktsicherheit wenden Sie sich an
produktsicherheit@herder.de

Umschlaggestaltung: Verlag Herder
Umschlagmotiv: © Eric Rautenbach / Getty Images

Satz: Arnold & Domnick, Leipzig
Herstellung: GGP Media GmbH, Pößneck

Printed in Germany

ISBN Print: 978-3-451-03447-3
ISBN E-Book: 978-3-451-83164-5

Inhalt

Vorwort

Als ich Marshall B. Rosenberg im Januar 2000 das erste Mal bei einem Seminar erlebt habe, war mir als hätte mich ein Lastwagen gestreift – in diesem Moment eröffneten sich mir ganz neue Perspektiven. Ich habe Marshall B. Rosenberg danach bei seiner Arbeit begleitet, Interviews geführt und als Lernende an Seminaren teilgenommen.

In das vorliegende Buch sind diese Erfahrungen eingegangen – zum größten Teil jedoch entstand es aus einem Gespräch mit Marshall B. Rosenberg an sieben aufeinander folgenden Abenden in seinem kleinen Haus mit Blick auf die Basler Voralpen. Ich war dabei immer wieder überrascht und bewegt von seiner Offenheit und Präsenz, zumal er tagsüber ein Seminar mit 40 Teilnehmern geleitet hatte.

Marshall B. Rosenberg ist ein Praktiker. Seine Lieblingsantwort auf die Frage: „Was macht Sie so sicher, dass das funktioniert?", ist: „Ich habe es ausprobiert." Die Gewaltfreie Kommunikation ist eine Methode, die sich auf der Basis ihrer Grundidee ständig weiterentwickelt hat und es immer noch tut. Der Schlüssel ist Mitgefühl: für sich selbst, für die eigene Wut, die eigenen Bedürfnisse. Das ist der erste wichtige Schritt.

Wer anfängt, sich auf die Haltung der Gewaltfreien Kommunikation einzulassen, erfährt, wie effektiv sie sein kann, wie Konflikte ihre Bedrohlichkeit verlieren, wie in scheinbar unlösbaren Situationen plötzlich Veränderung möglich wird. Marshall B. Rosenberg ist häufig in Kriegs- und Krisengebieten unterwegs. Ich lernte in unserem Gespräch seinen Kampfesgeist kennen, der zugleich seine verletzlichste Seite zeigt: Er will die Welt verändern, und er meint es ernst. Woraus er seine Kraft bezieht: Er öffnet sein Herz immer wieder für die Schönheit, aber auch für die Gewalt, die von Menschen ausgeht. Seine Liebe zum Leben darin zu spüren, seine Trauer und seine Tränen zu erleben – das hat mich sehr berührt.

Marshall B. Rosenberg lehrt die Gewaltfreie Kommunikation durch Beispiele. Er ist ein Geschichtenerzähler, dessen Geschichten man nicht vergisst. In ihnen verdichtet sich aus jahrelangen Erfahrungen gesammeltes Wissen, und sie bringen ein Problem auf den Punkt.

Ich freue mich, wenn dieses Buch allen, die noch nichts oder wenig über die Gewaltfreie Kommunikation wissen, etwas Profundes und Brauchbares im Umgang mit Konflikten vermittelt – und wenn es den Wissensdurst derer stillt, die bereits Feuer gefangen haben und sich eine Vertiefung wünschen. Im Gespräch bin ich darum in unterschiedliche Rollen geschlüpft, die alle auch ein Teil von mir sind: die neugierig Fragende und skeptisch Nachhakende. Die konfrontative Journalistin und jemand, der in konkreten Konflikten feststeckt. Die Schülerin, die schon tief in die Materie eingestiegen ist und die Trainerin, die selber Seminare zur Gewaltfreien Kommunikation gibt und es genießt, noch einmal ganz genau nachfragen zu können.

Mein Dank gilt allen, die mich beim intensiven Entstehungsprozess dieses Buches unterstützt haben: Ruth Hofmann für die besondere, inspirierende Qualität unserer Gespräche und für ihre tatkräftige Hilfe bei der Übersetzung des in englischer Sprache geführten Interviews. Heike Hahn danke ich dafür, dass sie mich mit ihren großen „Giraffenohren" (Näheres im Kapitel „Die Macht der Empathie") durch die Krisen gecoacht hat und für ihre ausführlichen und hilfreichen Kommentare, die mir die Arbeit leicht gemacht haben. Regine Reinhardt hat mich als „Testleserin" mit ihrem begeisterten Interesse bei der gesamten Entstehung des Buches begleitet. Dami Charf, Susanne Zanker, Monika Flörchinger, Christoph Seils und Ulrike Schmidt haben mir in verschiedenen Phasen der Arbeit durch ihr Feedback genau die Ermutigung und Unterstützung gegeben, die ich jeweils brauchte.

Bei Barbara Kunz in der „Orchidea Lodge in Wasserfallen/Reigoldswil durfte ich während des Interviews mit Marshall B. Rosenberg zu Gast sein. Ingrid Holler und das Verein Netzwerk Gewaltfreie Kommunikation in München haben mir im September 2003 spontan die freie Teilnahme an einem Seminar mit Marshall B. Rosenberg in Schney ermöglicht.

Judith Mark vom Verlag Herder danke ich für die Einfühlsamkeit in das Thema und die schöne Zusammenarbeit.

Mein Dank geht darüber hinaus an alle Menschen, die in mir und anderen den Mut und die Kraft erwecken – immer mehr – mit offenem Herzen zu leben.

Gabriele Seils

Was ist Gewaltfreie Kommunikation?

„Willst du lieber Recht haben oder glücklich sein? Beides zusammen geht nicht."

Sie arbeiten oft mit Menschen, die vorher noch nie von Ihrer Methode gehört haben. Wie fangen Sie an? Wie erklären Sie, worum es bei der Gewaltfreien Kommunikation geht?
Ich werde oft in Schulen eingeladen. Meistens sind es Schulen, in denen es Probleme zwischen Lehrern und Schülern gibt, zum Beispiel, weil kaum jemand Hausaufgaben macht oder im Unterricht mitarbeitet. Wenn ich dann vor der Klasse stehe, sage ich normalerweise: „Mein Name ist Marshall Rosenberg, ich schlage euch vor, dass wir uns heute mit *dem* Thema beschäftigen, das euch am meisten interessiert." Dann sind die Schüler erst mal irritiert, denn seit wann geht es in der Schule darum, was *sie* interessant finden? Meistens fragen sie mich dann: „Wer sind Sie überhaupt?"

Ich sage nur drei Worte: „Ich zähme Wölfe."

Die Schüler: „Häh? Was soll'n das heißen?"

„Ich meine keine richtigen Wölfe, ich meine Leute, die Kommunikationsprobleme haben. Ich nenne solche Leute ‚Wölfe', und ich zeige ihnen, wie man besser miteinander reden kann. Versteht ihr, was ich meine?"

Ein Mädchen meinte neulich: „Ja, klar! Meine Schwester ist ein Wolf." Und ein anderer Schüler sagte: „Der Lehrer, der sonst da vorne steht, ist ein Wolf."

Jeder kennt Wölfe. Manchmal ist es der Chef, manchmal ein Kind. Es kann auch der Partner sein, der Wolfssprache benutzt. Es kann jemand sein, den Sie sehr mögen, der Sie aber zur Weißglut treiben kann.

Zum Schluss frage ich die Schüler: „Beantwortet das eure Frage? Wenn nicht, dann sagt mir, was ihr noch wissen wollt." Und so kommen wir ins Gespräch.

Ich kann mir vorstellen, dass man sich eine Weile damit beschäftigen kann, die Liste der „bösen Wölfe" zu vervollständigen. Wie gehen Sie dann weiter vor?

Ich bitte die Leute, mit denen ich arbeite, darum, das Verhalten der Wölfe zu beschreiben und zu benennen, was genau es ist an dem Verhalten eines anderen Menschen, das ihre Lebensqualität einschränkt.

In der Gewaltfreien Kommunikation geht es darum, eine einfühlsame Verbindung zu uns selbst und anderen aufzunehmen. Es geht um Mitgefühl, dieses wertvolle und zutiefst menschliche Potenzial.

Leider entfremdet uns Sprache, die wir gelernt haben, von unserer menschlichen Natur. Gewaltfreie Kommunikation hilft uns, dieses natürliche Einfühlungsvermögen wieder zu entfalten. Und ich glaube wirklich, dass wir Menschen eigentlich nichts mehr genießen, als zum Wohlergehen anderer Menschen beizutragen.

Wenn ich die Zeitung aufschlage, dann bekomme ich den Eindruck, dass wir sehr weit davon entfernt sind.

Ich sehe die Gewalt. Ich komme in meiner Arbeit ständig damit in Berührung. Aber das hält mich nicht davon ab, daran zu glauben, dass es die Freude am einfühlsamen Geben und Nehmen ist, die unserem natürlichen Wesen entspricht. Warum also die Gewalt?

Ich habe mich mein ganzes Leben lang mit dieser Frage beschäftigt. Es fing in meiner Kindheit an, als meine Familie 1943 nach Detroit, Michigan umzog, gerade rechtzeitig, um die Rassenkrawalle mitzuerleben, die in unserer Nachbarschaft ausbrachen. Wir haben tagelang unser Haus nicht verlassen, während um uns herum der Rassenkrieg tobte.

Und das war ein prägendes Erlebnis für mich als achtjähriger Junge. Ich habe gelernt, dass Menschen sich aufgrund ihrer Hautfarbe gegenseitig verletzen und umbringen. Und als ich zur Schule ging, bekam ich zu spüren, dass mein jüdischer Nachname Aggressionen bei anderen auslöste. Also bin ich mit der Frage aufgewachsen: Was bringt Menschen dazu, andere zu verletzen? Was gibt es ihnen, jemanden leiden zu sehen?

Gleichzeitig hatte ich das Glück, in meiner Familie das genaue Gegenteil zu erleben. Als meine Großmutter sterbenskrank war – sie war am ganzen Körper gelähmt –, kam jeden Abend mein Onkel zu uns und hat meiner Mutter geholfen, sich um meine Großmutter zu kümmern. Und ich konnte sehen, wie er dabei gestrahlt hat; ihn schien das mit tiefer Freude zu erfüllen. Und ich dachte: Warum ist das so, warum gibt es Menschen wie meinen Onkel und warum gibt es Menschen, die fähig sind, andere zu töten? Diese Fragen haben mich begleitet, als ich älter wurde. Ich habe Psychologie studiert, weil ich dachte, dort würde ich vielleicht etwas über diese Zusammenhänge erfahren. Ich habe das Studium mit einer Promotion abgeschlossen, aber ich hatte nicht wirklich befriedigende Antworten auf meine Fragen gefunden. In der Psychologie habe ich gelernt, dass Menschen, die gewalttätig sind, eine Störung haben. Ich glaube, dass es eine vereinfachende und gefährliche Perspektive ist, zu meinen, dass Gewalttätigkeit eine Krankheit ist. Ich wünschte, es wäre so einfach.

Mittlerweile bin ich davon überzeugt, dass es um Sprache und Kommunikation geht. Die Antwort auf die Frage nach der Ursache von Gewalt liegt in der Art und Weise, wie wir gelernt haben zu denken, zu kommunizieren und mit Macht umzugehen.

Als ich die Universität verließ, waren mir diese Zusammenhänge noch nicht so klar, und ich habe erst einmal eine eigene Praxis aufgebaut und als Psychotherapeut gearbeitet. Ich war ziemlich erfolgreich damit; irgendwann hatte ich ein großes Haus, meine drei Kinder gingen auf Privatschulen, ich hatte ein nettes Leben. Die meisten Menschen, die zu mir kamen, waren Frauen mit Depressionen. Und ich habe immer deutlicher gespürt, dass ich als Therapeut die ganze Zeit nur mit den individuellen Symptomen beschäftigt war, deren Ursache in meinen Augen ganz woanders, nämlich in den gesellschaftlichen Strukturen, in unserer Sprache, in den Machtverhältnissen zu finden waren. Diese Frauen waren nicht depressiv, weil sie krank waren. Ich meine, die Rolle, die Frauen seinerzeit hatten, würde vermutlich fast jeden Menschen in Depressionen stürzen. Also warum nicht lieber die Strukturen verändern, wenn sie zerstörerisch sind für die Menschen, die in ihnen leben?

Meine Arbeit mit den Klientinnen, die mit Depressionen zu mir kamen, war deshalb so erfolgreich, weil ich ihnen zugehört habe. Ich hätte ihnen eine Diagnose stellen, sie hätten Antidepressiva nehmen können, aber was ihnen geholfen hat, war: Ich habe ihnen, ihrem unglaublichen Schmerz und ihrer Verzweiflung, Empathie gegeben. Und das war es, was ihnen geholfen hat, was ihnen die Kraft gegeben hat, etwas zu tun, um ihre Lebenssituation zu verändern.

Ich konnte mich schließlich immer weniger mit meiner Rolle als Therapeut identifizieren und habe letztendlich meine Praxis aufgegeben und nach Formen gesucht, um Denk- und Machtstrukturen zu verändern, und nach einer Methode, die uns dabei helfen kann, uns selbst umzuerziehen. Und daraus ist irgendwann die Gewaltfreie Kommunikation entstanden.

Die Gewaltfreie Kommunikation wird auch „Giraffensprache" genannt. In Ihren Workshops benutzen Sie nicht nur den Wolf als Symbol für eine entfremdete Kommunikation, sondern auch die Giraffe als Symbol für eine Sprache des Herzens. Giraffen haben riesengroße Herzen, mit deren Hilfe sie das Blut durch ihre langen Hälse in ihre Köpfe pumpen; sie haben keine natürlichen Feinde und sind einfach wunderbar geeignet, um mit allen denkbaren positiven Eigenschaften in Verbindung gebracht zu werden. Mittlerweile sind Giraffen und Wölfe in Form von Handpuppen weltweit im Einsatz. Was ist es eigentlich, das die Gewaltfreie Kommunikation zu einer so erfolgreichen Konfliktklärungsmethode macht?

Die Leute freuen sich am Anfang immer, dass die Gewaltfreie Kommunikation so einfach ist. Als nächstes stellen sie fest, wie schwierig sie ist. Die Grundidee der Methode ist tatsächlich ganz einfach. Erstens: Beobachte dich selbst – was ist lebendig in dir? Und zweitens: Wodurch würde sich deine Lebensqualität verbessern, was würde dein Leben bereichern? Lerne diese beiden Dinge zu kommunizieren, ehrlich, ohne jegliche Kritik. Es sind nur diese beiden Fragen. Es geht darum, sie gegenüber anderen Menschen auszudrücken und entsprechende Informationen von seinem Gegenüber empathisch aufzunehmen.

Um diese beiden Fragen zu beantworten, braucht man eine gewisse Sprachfertigkeit. Wenn uns etwas an dem Verhalten eines Menschen stört, ist es wichtig, präzise zu sein. Es gibt vier Komponenten, die ich für sehr nützlich halte. Erstens: Beobachte, ohne zu bewerten. Der erste Schritt in der Gewaltfreien Kommunikation ist also, einer anderen Person mitzuteilen, was uns nicht gefällt, ohne ihr Verhalten zu bewerten. Eine klare Beobachtung heißt: Halte dich einfach an die Tatsachen.

Zum Beispiel: Ein Mann sagt zu seiner Frau: „Du kannst einfach nicht mit Geld umgehen." Und sie sagt: „Immer musst du mich kontrollieren." Das sind keine Beobachtungen. Das sind Interpretationen und Bewertungen eines Verhaltens.

Der indische Philosoph Krishnamurti sagt: Die höchste Form der Intelligenz ist es, zu beobachten, ohne zu urteilen. In Studien über Rassismus und Sexismus wird deutlich, dass Menschen, die zu diskriminierendem Denken neigen, diese Differenzierung nicht vornehmen. Sie denken, ihre Vorurteile entsprächen den Tatsachen.

Das heißt, mit der Gewaltfreien Kommunikation müssten alle Vorurteile von der Welt verschwinden. Aber wie können wir überhaupt durchs Leben gehen, ohne Dinge zu bewerten? Urteilsvermögen ist doch eine überlebenswichtige Fähigkeit.

Ja, auf jeden Fall ist sehr wichtig, dass wir die Dinge bewerten können. Mir geht es darum, dass wir eine Form der Bewertung finden, die dem Leben dient. Wenn ich zum Beispiel das Verhalten eines anderen Menschen bewerte, kann ich das tun, ohne mich über ihn zu stellen. Es geht darum, *wie* ich meine Macht einsetze. Ich möchte mit anderen Menschen so umgehen, dass wir gemeinsam von dieser Macht profitieren. Es ist aber sehr verbreitet, mit Macht anders umzugehen, Macht *über* andere haben zu wollen. Eine beliebte Form von Machtmissbrauch ist zum Beispiel Schuld. Dabei gehen wir davon aus, dass andere Menschen unsere Gefühle kreieren. Dann mache ich mein Gegenüber dafür verantwortlich, wenn es mir schlecht geht. Ich sage zum Beispiel: „Du verletzt mich." Oder: „Ich bin enttäuscht von dir", „Du machst mich wütend."

Ein zentraler Aspekt der Gewaltfreien Kommunikation ist das Bewusstsein, dass andere Menschen nicht für unsere Gefühle verantwortlich sind. Das einzige, was unsere Gefühle beeinflussen kann, ist die Haltung, mit der wir reagieren. Wenn ich jedoch glaube, dass eine Äußerung wahr ist, wenn ich sie also persönlich nehme, dann fühle ich mich schlecht, dann schäme ich mich. Scham ist also eine weitere Form des Machtmissbrauchs. Wer sich schlecht fühlen will, dem schlage ich Folgendes vor: Benutze möglichst oft das Wort „falsch“. Überlege dir, wie du bist, wann du dich daneben benommen hast und wann du vorbildlich warst. Frag dich: Bin ich attraktiv? Bin ich kompetent? Wenn du dir so richtig die Laune verderben willst, dann denke auch ausgiebig darüber nach, wie andere Menschen sind, ob sie normal sind oder anormal, ob ihr Verhalten angemessen ist oder nicht.

Wenn es dir immer noch nicht reicht, dann kannst du dich auch noch der Frage widmen, was andere Menschen wohl von dir denken. Ob sie dich nett finden. Benutze möglichst auch das Wort „soll“. Was sollte ich tun, was sollten andere tun? Was glauben andere, was ich tun sollte?

O ja, das klingt irgendwie vertraut. Wie könnten wir auf produktivere Weise mit Macht umgehen?
Indem wir uns auf einfühlende Weise mit uns selbst und anderen Menschen verbinden. Indem unser Hauptmotiv ist, die Bedürfnisse aller im Blick zu haben. Indem wir uns in unserem Handeln nicht von Schuld- oder Schamgefühlen motivieren lassen. Wenn wir eine Sprache lernen, in der wir mitteilen können, wie es uns in jedem einzelnen Moment geht, welche Gefühle und Bedürfnisse in uns lebendig sind, dann ist es nicht schwer, mit anderen Menschen in einem empathischen Kontakt zu sein.

Jede Kultur, die ich auf dieser Welt kennen gelernt habe, stellt, jede auf ihre Weise, diese immer gleiche Frage: „Wie geht es dir?“ Es ist ganz natürlich, ja offensichtlich, das zu fragen. Wenn wir harmonisch miteinander leben wollen, wenn wir am Leben anderer Menschen Anteil haben wollen und uns gegenseitig unterstützen wollen, dann ist es wichtig zu wissen, wie es den Menschen um uns herum geht. Das meine ich mit dieser für mich so wichtigen Frage: Was ist lebendig in dir? Und obwohl diese Frage von universeller Bedeutung ist, ist sie längst zu einem leeren Ritual geworden. Die Menschen wissen nicht mehr, wie man diese Frage stellt, und sie wissen nicht, wie man sie beantwortet, weil sie die Sprache des Lebens nicht gelernt haben.

Die Frage nach dem, was in uns lebendig ist, ist tatsächlich sehr ungewöhnlich. Meistens ist es doch so, dass wir – besonders, wenn es Konflikte gibt – unsere ganze Energie in die Suche nach dem Schuldigen stecken und danach, wer Recht hat und wer nicht.

In dem Buch „Ein Kurs in Wundern"[1] heißt es: „Willst du lieber Recht haben oder glücklich sein?" Das ist eine wichtige Entscheidung, die wir in jedem Moment unseres Lebens treffen müssen. Beides zusammen geht nicht.

Um dieser Frage – Was ist lebendig in dir? – nachzugehen, habe ich die erste Komponente der Gewaltfreien Kommunikation *Beobachtung* genannt. Was ist der Auslöser? Was hat die andere Person getan, das dich in deiner Lebensqualität einschränkt? Die zweite Komponente sind *Gefühle.* Wie fühlst du dich, wenn die Person sich so verhält?

Und die dritte Komponente sind die *Bedürfnisse*, die mit den Gefühlen verbunden sind. Wenn unsere Bedürfnisse erfüllt sind, dann haben wir angenehme Gefühle. Wenn sie nicht erfüllt sind, haben wir schmerzhafte Gefühle. Je bewusster wir uns unserer Bedürfnisse sind, desto selbstbestimmter können wir leben und desto besser können wir andere Menschen verstehen. Denn alle Menschen haben die gleichen Bedürfnisse. Das heißt, wenn wir unserem Gegenüber vermitteln können, was unsere Bedürfnisse sind, dann haben wir eine viel bessere Chance, dass diese Person bereit ist, etwas zur Erfüllung dieser Bedürfnisse beizutragen, als wenn wir sie angreifen und kritisieren.

Und wenn meine Bedürfnisse nicht erfüllt sind, dann kommt die andere Frage ins Spiel, die ich genannt habe: Wodurch würde sich deine Lebensqualität verbessern? Und dafür habe ich die vierte Komponente der Gewaltfreien Kommunikation entwickelt: die *Bitte.* Im vierten Schritt geht es also darum, eine klare Bitte zu äußern, das heißt, positiv zu formulieren, was ich von der anderen Person will – nicht, was ich nicht will – und dabei klare Handlungsangebote zu machen: Worum bitte ich die andere Person, was möchte ich von ihr? Es geht nicht darum, was sie denken soll oder wie sie sich fühlen soll, nicht, wie sie sein soll. Sondern es geht um ganz konkrete Handlungen, um die ich sie bitte, damit mein Leben bereichert wird.

Eine Frau sagt zum Beispiel zu ihrem Mann: „Ich will nicht, dass du soviel arbeitest." Das ist keine konkrete Bitte.

Vielen Menschen fällt es schwer konkrete Bitten zu äußern. Man muss sich in dem Moment bewusst darüber sein, was man eigentlich genau will. Dieser vierte Schritt ist sehr wichtig, denn um etwas ganz Einfaches zu bitten, kann die Welt verändern. Und es macht vielen Menschen Angst, danach zu fragen, was sie jetzt, in diesem Moment wollen. Es bedeutet, Verantwortung zu übernehmen und *die* Welt zu kreieren, in der man leben will.

Wie könnte denn die konkrete Bitte der Frau lauten, die möchte, dass ihr Mann nicht so viel arbeitet?
Zum Beispiel: „Ich möchte gerne, dass du mir sagst, ob du bereit bist, einen Abend in der Woche mit mir zu verbringen und einen mit den Kindern."

Der Hauptgrund dafür, dass unsere Bedürfnisse unerfüllt sind, ist, dass wir keine klaren und konkreten Bitten geäußert haben.

Also, die Sache ist doch eigentlich ganz einfach. Die Frage ist: Was ist lebendig in mir, was ist lebendig in dir und wie können wir gemeinsam dafür sorgen, dass das Leben reicher und schöner wird?

Die Logik der Gefühle

„Das Ziel im Leben ist, all unser Lachen zu lachen und all unsere Tränen zu weinen."

Die Grundidee der Gewaltfreien Kommunikation ist also ganz einfach, aber die Umsetzung ist nicht leicht.
Ja, die Herausforderung ist, anderen Menschen offen mitzuteilen: „Hey, wenn du so handelst, dann passiert Folgendes in mir. So fühle ich mich, das brauche ich. Und das ist es, worum ich dich bitten will." Und das alles, ohne die andere Person moralisch zu verurteilen und ohne Forderungen zu stellen. Eine Bitte ist dann keine Forderung, wenn wir respektvolles Verständnis aufbringen, wenn die

andere Person das, worum wir sie bitten, nicht tut, aus welchem Grund auch immer. Wenn wir Gewaltfreie Kommunikation benutzen und einen Menschen um etwas bitten, dann wollen wir, dass er unsere Bitte nur dann erfüllt, wenn er wirklich bereit dazu ist.

Dabei ist es wichtig, im Auge zu behalten, dass die meisten Mensche es nicht gewohnt sind, dass sie frei entscheiden können, ob sie einer Bitte nachkommen wollen oder nicht. Was sie kennen, sind Forderungen und deren Konsequenzen. Deshalb haben die meisten Menschen Probleme damit, einer solchen Haltung gleich zu vertrauen und hören schnell in der Bitte eine Forderung. Wir bezahlen jedes Mal teuer dafür, wenn jemand etwas von uns als Forderung oder Kritik hört, denn es zerstört die einfühlsame Verbindung und die Freude am Geben. Und das ist etwas sehr Wertvolles, das man in einer Beziehung nicht verlieren möchte.

Also, kurz gesagt: Es geht darum, herauszufinden, was man fühlt, was man braucht und was man will, denn das wissen die meisten Menschen nicht.

Das ist auch nicht wirklich erstaunlich, denn eine herkömmliche Sichtweise auf Konflikte ist, sie möglichst zu vermeiden. Und wenn das nicht geht: auf jeden Fall sachlich zu bleiben, die Gefühle im Zaum zu halten, auch mal nachzugeben und offen für Kompromisse zu sein. Sie sagen nun, es geht in erster Linie darum herauszufinden, was ich fühle und was ich brauche. Wie hängen denn diese in der Gewaltfreien Kommunikation so zentralen Begriffe „Gefühle" und „Bedürfnisse" zusammen? Und warum sind die Gefühle so wichtig, um die Bedürfnisse zu identifizieren?

Gefühle und Bedürfnisse sind nicht voneinander trennbar. Bedürfnisse werden durch Gefühle sichtbar, erkennbar. Darin liegt die Bedeutung von Gefühlen. Das ist wie bei den Signallämpchen im Auto. Wenn das rote Licht angeht, dann wissen wir, dass der Tank leer ist. Das gelbe Licht zeigt das elektrische System, Öl und Wasserstand an. Das sind die Gefühle. Entweder alles funktioniert oder irgendetwas muss repariert oder nachgefüllt werden. Das heißt, die Gefühle sind wie die Signale auf dem Armaturenbrett, sie geben Auskunft über die Bedürfnislage. Also übertragen heißt das, wenn ich schmerzhafte Gefühle habe, dann weiß ich, ein Bedürfnis wird gerade nicht erfüllt. Und dann kann ich mir überlegen, was ich unternehmen will, um das Problem zu beheben.

Das Bild gefällt mir, weil es zeigt, dass Gefühle – unabhängig davon, ob es angenehme oder unangenehme Gefühle sind – eine wichtige Funktion eines intakten Systems sind.
Was auch immer das Gefühl ist – ob Schmerz oder Freude –, es ist ein Geschenk und seine Schönheit liegt darin, dass es wahr ist und dir zeigt, dass du lebendig bist.

Ich denke, das Ziel im Leben ist nicht, immer glücklich zu sein, sondern all unser Lachen zu lachen und all unsere Tränen zu weinen. Was auch immer sich in uns offenbart, es ist das Leben, das sich darin zeigt und es ist immer ein Geschenk, sich damit zu verbinden.

Man kann also im Prinzip alle Gefühle diesen zwei Grundgefühlen unterordnen: Schmerz und Freude.
Ja. Früher habe ich sie in positive und negative Gefühle unterteilt. Und dann habe ich gesehen, dass diese beiden Kategorien implizieren, dass es Gefühle gibt, die „schlecht“ sind, anstatt als Teil des Lebens gesehen zu werden. Jetzt nenne ich sie: Gefühle, die entstehen, weil Bedürfnisse erfüllt sind, und Gefühle, die entstehen, weil Bedürfnisse nicht erfüllt sind.

Daniel Goleman bezieht sich auf die wichtige Rolle der Gefühle in seinem Buch „Emotionale Intelligenz“. Er sagt, es ist die natürliche Funktion von Schmerz, uns zu warnen, wenn die Versorgung der Grundbedürfnisse in Gefahr ist. Kein Lebewesen würde lange überleben, wenn es keine Gefühle hätte. Wenn wir zum Beispiel dieses unbehagliche Gefühl haben, das wir Hunger nennen, dann besorgen wir uns etwas zu essen. Und so haben alle Gefühle eine natürliche, lebenswichtige Funktion.

Es gibt Gefühle, die sich so gar nicht produktiv anfühlen. Wie ist es mit Wut und Ärger?

Nehmen wir mal ein ganz einfaches und harmloses Beispiel aus dem Alltag, eines, das jeder kennt: Angenommen, ich lebe mit jemandem, Freund, Partnerin, Mitbewohner oder mit einem Kind zusammen und diese Person hat die Angewohnheit, wüstes Chaos um sich zu verbrei-

ten, alles herumliegen zu lassen und nie sauberzumachen. Irgendwann fängt der Ärger darüber an, sich so in mir zu verbreiten, dass ich wütend bin, sobald ich diese Person sehe. Wie stelle ich das jetzt an, mich dem anderen gewaltfrei mitzuteilen?

Ich lege Ihnen nahe, gar nichts zu sagen, bevor Sie nicht die Ursache des Ärgers gefunden haben und wieder mit dem Leben verbunden sind. Um Ärger gewaltfrei auszudrücken, müssen wir uns bewusst machen, dass es niemals die andere Person ist, die uns ärgerlich macht. Ärger wird durch Denken verursacht. Es ist wichtig, Auslöser und Ursache des Ärgers zu unterscheiden. Also, was ist in diesem Fall die Ursache für den Ärger?

Mein Bedürfnis nach Ordnung und Sauberkeit an einem Ort, wo ich mich zu Hause fühlen möchte, ist nicht erfüllt. Und ich möchte, dass das respektiert wird.

Es sind nicht die Bedürfnisse, die uns ärgerlich machen. Es ist nicht das Verhalten der anderen Person, das kann der Auslöser sein, aber es ist nicht die Ursache. Die Ursache unseres Ärgers ist das, was wir denken. Also, was haben Sie über diese Person gedacht?

Sie sollte mehr saubermachen und überhaupt ordentlicher sein.

Aha, das habe ich mir gedacht. Wenn sich Ärger in unseren Herzen breit macht, dann haben wir ein „sollte“ im Kopf. Eines der gefährlichsten Worte, das die Menschen erfunden haben. Also, am besten ist es erstmal, das „sollte“ aus dem Kopf zu kriegen und es in ein Bedürfnis umzuwandeln. Wenn wir mit unseren Bedürfnissen verbunden sind, sind wir nicht mehr ärgerlich oder wütend. Kann sein, dass wir dann frustriert sind oder traurig, aber nicht wütend. Wir sind nur wütend, wenn wir vom Leben abgeschnitten sind.

Also: Wenn Sie von dem „sollte“ im Kopf zu den dahinter liegenden Bedürfnissen gelangt sind, dann könnten sie Folgendes sagen: „Ich bin gerade frustriert, weil ich mein Bedürfnis nach Respekt nicht erfüllt sehe, wenn die Wohnung nicht aufgeräumt ist.“

Und die konkrete Bitte wäre: „Wenn du die Küche benutzt, dann mache dort bitte hinterher sauber“?

Das ist ein Wunsch, keine Bitte. Eine konkrete Bitte bezieht sich auf den gegenwärtigen Moment, auf das, was ich jetzt gerade will. Und was Sie genannt haben, bezieht sich auf die Zukunft. Aber was möchten Sie jetzt von der Person?

Ich schätze, es wäre gut, um eine Rückmeldung zu bitten. Damit sie auch versteht, was Sie von ihr wollen. Soll sie denken, dass sie die verabscheuenswerteste Kreatur ist, die jemals auf Erden gelebt hat? Wenn man nicht um eine klare Rückmeldung bittet, dann kann es gut sein, dass genau das bei der anderen Person ankommt.

„Bitte sag mir, ob du bereit bist, die Küche sauberzumachen, nachdem du sie benutzt hast."

Ja, das klingt nach einer konkreten Bitte. „Bitte sag mir", das ist etwas, um das wir jemanden in diesem Moment bitten können.

Ich hätte wahrscheinlich, wenn ich in Ihrer Situation wäre, noch eine Bitte: „Kannst du mir bitte sagen, was du von mir gehört hast?" Es ist nämlich nicht unwahrscheinlich, dass die andere Person nicht hört, was Sie sagen. Die Person hört stattdessen ein „soll", obwohl Sie es gar nicht gesagt haben. Und dann könnten Sie fragen: „Wie kann ich dir meine Bedürfnisse mitteilen, ohne dass du einen Vorwurf hörst?" Und sie wird sagen: „Häh?" Das ist erstmal schwer zu verstehen, weil dahinter eine radikal andere Haltung steckt. Die meisten Menschen kennen den Unterschied nicht, sie haben immer nur Kritik und Forderungen gehört. Wenn Sie also mit dieser Person weiter zusammenleben wollen, dann helfen Sie ihr, diesen Unterschied zu sehen. Ansonsten wird es immer, wenn Sie ihr gegenüber ein Bedürfnis ausdrücken, endlose Kämpfe geben.

Ich sehe ein, dass es sich lohnt, mich mit einem Menschen, der mir nahe steht, über unterschiedliche Auffassungen zum Thema Ordnung und Sauberkeit auseinander zu setzen. Aber es gibt Auffassungen, die will ich überhaupt nicht diskutieren, weil ich sie nicht akzeptiere. Zum Beispiel diskriminierende Meinungen und Handlungen. Ich habe mir neulich tatsächlich von einem Mann anhören müssen: „Eine anständige Frau sollte zu Hause bleiben, kochen, für Mann und Kinder da sein." Ich meine, das ist doch offensichtlich falsch, und wenn jemand so etwas behauptet, dann ist er im Unrecht, finden Sie nicht? Und es gibt

ja auch Menschen, die aus abwertendem Denken heraus anderen gegenüber gewalttätig sind.
Ich finde, wir könnten folgende Worte aus unserem Vokabular entsorgen: richtig, falsch, gut, schlecht, normal, unnormal, kompetent, inkompetent. Das ist statische Sprache. Der Psychologe O. J. Harvey hat über den Zusammenhang von Sprache und Gewalt geforscht. Er ist um die ganze Welt gereist und hat die Sprache verschiedener Kulturen untersucht, wie häufig statische Sprache, also Worte, die festschreiben und beurteilen, in der Literatur dieser Kulturen vorkommt. Und dann hat er die Gewaltrate, Selbstmord, häusliche Gewalt, Gewalt gegen Kinder und Frauen in dieser Kultur damit verglichen. Die Korrelation zwischen statischer Sprache und Gewalt ist sehr hoch.

Gewaltfreie Kommunikation hingegen ist eine Prozesssprache. Das heißt, wir machen uns bewusst, dass wir uns in einem ständigen Veränderungsprozess befinden, und deshalb macht es eigentlich viel mehr Sinn, davon zu sprechen, was im Moment lebendig ist oder zu einem bestimmten Zeitpunkt lebendig war. Das heißt, alle Bewertungen von uns selbst und anderen sind immer nur Bewertungen innerhalb eines Prozesses. Man kann das Verb „sein" auf zwei unterschiedliche Weisen benutzen. In Gewaltfreier Kommunikation würde ich sagen: „Bist du im Moment wütend?" Aber wenn ich sage: „Du bist ein wütender Mensch", dann ist das statische Sprache. Durch statische Sprache macht man aus Menschen leblose Dinge, und wenn man Menschen zu einem solchen Denken erzieht, dazu, dass es richtig und falsch gibt, normal und unnormal, dann ist diesem Denken inhärent, dass es ganz oben eine Autorität gibt, die weiß, was richtig und was falsch ist. Man muss die Hirne von Menschen schon sehr früh entsprechend formen, damit sie in solchen Strukturen funktionieren.

Der Theologe Walter Wink[2] spricht in diesem Zusammenhang von Dominanzstrukturen. In den letzten ein- bis zweihundert Jahren hat die Menschheit einen kleinen Entwicklungsschub durchgemacht und gesellschaftliche Strukturen implementiert, die wir für fortgeschrittener halten als die Monarchie, in der eine Person über viele herrscht. Seit wie vielen Generationen leben Sie und Ihre Familie nicht mehr unter einem König?

Seit zwei Generationen.
Mein Großvater hat auch noch unter einem König gelebt, der nannte sich Zar. Also, wir sind noch gar nicht weit entfernt von dem Prinzip der absoluten Autorität. Wir spielen zwar seit einer Weile mit der Idee der Demokratie, aber als mein Großvater vor dem Zar floh und in die USA kam, da haben sie ihn nicht an der Grenze angehalten und gesagt: O nein, Sie können nicht in dieses Land einreisen, wenn Sie so sprechen und so denken wie unter einem Zar. Bevor wir Sie hier reinlassen, müssen wir Sie erstmal umerziehen. Also bin ich in Zar-Sprache erzogen worden: richtig, falsch, gut und schlecht. Die Sprache der unangetasteten Wahrheit, die dazu dient, Menschen so zu programmieren, dass sie unterwürfig und servil gegenüber Autoritäten sind. Die Art und Weise, wie Menschen das Denken gelehrt wurde, hängt eng mit der Sprache zusammen, die sie benutzen. Wenn Menschen also in einer Dominanzkultur aufwachsen, dann entsteht aus dieser Erziehung sehr viel Gewalt, die wiederum das Weltbild dieser Kultur festigt: Man sieht doch, wie gewalttätig die Menschen sind, sie sind höchst gefährlich, wenn sie nicht erzogen und kontrolliert werden von Autoritäten wie Eltern, Lehrern, Königen.

Aber was ist mit Menschen, die wirklich gewalttätig sind? Lassen Sie uns noch mal zu diesem Menschen kommen, der Frauen diskriminiert. Das ist für mich noch nicht geklärt.
Es ist wichtig zu wissen, dass die Wut über diesen Mann nichts mit ihm als Person zu tun hat. Es ist Ihr Denken, das die Wut verursacht, und dieses Denken ist eng verwandt mit dem Denken desjenigen, der Frauen diskriminiert. Denn wenn er es schafft, Sie zu demütigen, dann sind er und Sie beide Figuren im gleichen Spiel.

Das heißt konkret: Wenn dieser Mann sagt: „Eine anständige Frau sollte …“, dann wird es Ihnen schwerfallen, gewaltfrei zu sein, solange Sie selber daran glauben, dass es überhaupt so etwas gibt wie „anständige Frauen“. Wenn Sie auf diesen Mann wütend sind, dann denken Sie genauso wie er, Sie sind in den gleichen Gedankenmustern gefangen. Es ist gut, sich das einfach immer wieder bewusst zu machen – verurteilen Sie sich nicht dafür, machen Sie es sich bewusst. Wut und Ärger entstehen in dem Moment, in dem ich anfange, in diesen lebensentfremdeten Gedanken zu denken, und dann geht es nicht mehr um den Menschen vor mir, sondern um das Urteil, das ich über diesen Menschen gefällt habe: Was oder wie dieser Mensch ist. Ich mache ihn zum Objekt meiner Zuschreibung. Und dann bin ich wütend, weil ich denke, dass dieser Typ ein „sexistisches Schwein" ist. Das ist das gleiche Denken, das davon ausgeht, dass „eine anständige Frau" so und so zu sein hat.

Ich finde es sehr hilfreich, sich darüber klar zu sein, dass immer dann, wenn wir bei anderen Menschen Fehler suchen, bei uns selbst ein Bedürfnis nicht erfüllt ist. Das heißt, wenn ich Ärger in mir spüre und anfange, Urteile über andere Menschen zu fällen, dann ist das ein wertvoller Hinweis, der mir hilft, meine Bedürfnisse zu identifizieren.

Mein Bedürfnis ist also, mit Respekt behandelt zu werden. So weit, so gut. Ich frage mich allerdings, ob ich nicht einen Schritt auslasse und meine Wut unterdrücke, wenn ich direkt zu meinen Bedürfnissen gehe.

Es geht nicht darum, die Wut zu unterdrücken. Es geht viel mehr darum, sich tiefer auf die Wut einzulassen und bis zu ihrer Wurzel zu gehen. Dort finden wir immer unerfüllte Bedürfnisse. Und sobald ich mich mit meinen Bedürfnissen verbunden habe, spüre ich keine Wut mehr. Ich kann nur wütend sein, wenn ich mich vom Leben abschneide. Und dann ist mein erster Impuls, dem anderen weh zu tun, ihn zu bestrafen.

Wenn ich wütend bin, dann bin ich in meinem Kopf und spiele Gott; ich sitze oben auf einem Berg und halte Gericht über einen anderen Menschen: „Du gehst zur Hölle, mein Freund." Selbst wenn man bei dem Spiel gewinnt und den anderen sogar davon überzeugen kann, dass er schuldig ist und verdient hat, bestraft zu werden, verliert man. Denn das Spiel geht weiter, und dann fängt der andere an, Gott zu spielen, und dann bekriegen wir uns darüber, wer von uns beiden schlimmer ist.

Und wenn ich mich selber schuldig fühle, mich schäme oder depressiv bin, dann spiele ich das gleiche Spiel, bloß spiele ich jetzt beide Rollen gleichzeitig: Ich bin Gott *und* der Sünder. Erst verkünde ich das Urteil über mich selber, um mich anschließend in die Hölle zu schicken. Ich liebe diese Gefühle: Wut, Schuld, Scham und Depression, sie wecken mich auf und sagen mir, dass ich nicht am Leben bin, sondern dass ich mit diesem Spiel beschäftigt bin, das keinen Spaß macht.

Wie genau hängen Wut, Schuld- und Schamgefühle und Depression zusammen?
Das sind nach innen gerichtete Formen von Gewalt. Wenn man sich schuldig oder depressiv fühlt und mal versucht, einen Moment innezuhalten und die eigenen Gedanken zu untersuchen, wird man feststellen, dass man eine Herde wilder Wölfe im Kopf hat, die einem ununterbrochen erzählen, was alles mit einem nicht stimmt. Wenn man wütend ist, dann wenden die Wölfe sich nach außen und machen eine andere Person fertig.

Die meisten von uns sind da ziemlich flexibel. Manchmal beschuldigen wir andere und manchmal uns selber. Oder immer abwechselnd: Zuerst bin ich wütend und rege mich über jemand anderen auf. Dann denke ich: „O Gott, ich sollte so etwas nicht denken" und fühle mich schlecht. Aber dann sage ich mir: „Was ist eigentlich dieser Rosenberg für ein Idiot, der mir so einen Schwachsinn einreden will." Und dann bin ich wieder wütend.

Ist es dann aber nicht gerade für Menschen, die ihre Wut eher nach innen richten und schwer Zugang zu ihr finden, wichtig, diese Wut überhaupt erstmal zuzulassen?
Also, wenn eine Person wirklich ihr ganzes Leben lang ihre Wut unterdrückt hat und davon überzeugt ist, dass Wut böse ist und dass man immer nett sein muss und feststellt, dass es befreiend ist und sich gut anfühlt, diese Wut mal so richtig rauszulassen, dann bin ich der Letzte, der ihr das ausredet. Aber ich bin sicher, dass es sich noch viel besser anfühlen würde, wenn diese Person lernt, die Bedürfnisse hinter der Wut auszudrücken.

Ich habe eine Weile mit dem Thema Wut experimentiert. Ich habe mich von meiner Kollegin Elisabeth Kübler-Ross, einer sehr kreativen Schweizer Ärztin, inspirieren lassen. Sie ist bekannt geworden durch ihre Arbeit mit sterbenden Menschen, aber sie hat auch Workshops zum Thema Wut gegeben, wo die Teilnehmenden brüllen, schreien und mit Plastikschläuchen auf Gegenstände einschlagen konnten, um so ihre Wut auszuleben. Ich fand das einleuchtend und hatte den Eindruck, dass viele Menschen davon profitiert haben, also habe ich die Teilnehmenden in meinen Workshops ermutigt, die Wut rauszulassen, egal wie wölfisch. Ich habe das vielleicht zwei oder drei Jahre gemacht und dann hat eine Freundin, deren Feedback ich immer sehr vertraut habe, zu mir gesagt: „Marshall, einerseits fühlt es sich gut an, die Wut richtig zu spüren, aber andererseits hinterlässt es ein schales Gefühl, wenn man sich in die Wut so hineinsteigert und ich habe den Eindruck, es verstärkt eher das Denken, das die Wut wiederum nährt."

So kam es, dass ich angefangen habe zu überlegen, wie man die Wut wirklich vollständig ausdrücken kann. Mittlerweile glaube ich, dass es ganz wichtig ist, meine Wut ernst zu nehmen, mir bewusst zu machen, dass ich wütend bin und mir gleichzeitig bewusst darüber zu sein, dass es nicht eine andere Person ist, die mich wütend macht, sondern das eigene Denken.

Unsere Kultur hat uns beigebracht, dass Gewalt gut ist, wenn wir dadurch jemanden bestrafen, der böse ist. Aber dadurch schneiden wir uns vom Leben ab, wir sind nicht mehr lebendig. Es sei denn, man definiert „lebendig sein" als Adrenalinausschüttung im Blut, denn je mehr wir uns in diesen Gedankenmustern bewegen, desto wütender sind wir und desto mehr Adrenalin wird in unsere Körper gepumpt. Und das hat langfristig zerstörerische Auswirkungen: physisch, seelisch und spirituell.

Wenn wir lernen, zu den Bedürfnissen hinter der Wut zu finden, dann haben wir immer noch starke Gefühle, aber keine Wut. Wir stoßen dann auf Gefühle, deren ursprüngliche Funktion es ist, zu überleben und für die Erfüllung unserer Bedürfnisse zu sorgen. Und dann kann es sein, dass ich schreie. Aber ich schreie niemandem Beleidigungen ins Gesicht, sondern ich schreie, was ich brauche und wie ich mich fühle. Das sind dann Gefühle wie Traurigkeit, Verzweiflung, Hilflosigkeit, Verletzung oder Angst. Sie sind schmerzhaft, aber nicht zerstörerisch. Einige Menschen haben diese Gefühle als schmerzhaft, aber als einen nährenden Schmerz beschrieben, der sie sich im Herzen lebendig fühlen lässt.

Das ist eine hilfreiche Differenzierung: Wut ist eine gegen andere gerichtete, verurteilende Energie, die Sie von einem – durchaus offensiven

– Zum-Ausdruck-Bringen des eigenen Schmerzes unterscheiden. Ich schätze, wenn ich schnell wütend bin, sagt mir das ganz einfach etwas über den Stand meines Bedürfnishaushaltes. Habe ich gut für mich gesorgt oder nicht?
Ja, und mir hat es sehr geholfen, mir immer wieder vor Augen zu führen: wenn mich andere Menschen ärgern, dann hilft mir das, etwas über mich selbst zu verstehen. Und dafür ist Wut sehr sinnvoll. Ich sage den Leuten immer: Genießt die Wut, guckt sie euch – ich nenne es das Wolfstheater im Kopf – genau an, hört zu, was eure inneren Wölfe sagen, das hilft, runterzukommen, innezuhalten und sich in aller Ruhe darüber klar zu werden, was hinter der Wut steckt. Das ist wichtig, denn es geht alles sehr schnell, und wir sind uns dessen oft nicht bewusst. Und deshalb ist das Wolfstheater so gut: Es ist das Tor, durch das wir zu unseren Bedürfnissen geführt werden.

Eine persönliche Frage: Ärgern Sie sich überhaupt noch?
Ehrlich gesagt: Immer seltener. Früher war ich ein unglaublich wütender Mensch.

Neulich habe ich zwei alte Schulfreunde zufällig wiedergetroffen, sie saßen plötzlich in einem meiner Workshops. Und in der Pause meinte der eine: „Es ist schon irgendwie eine Ironie des Schicksals, dass ausgerechnet du, der gewalttätigste von uns allen, jetzt Gewaltfreie Kommunikation lehrst." Er konnte sich noch gut daran erinnern, wie ich drauf war, als ich in der Highschool war. Ich würde sogar sagen, dass ich den größten Teil meines Leben wütend war. Bevor ich die Gewaltfreie Kommunikation in mein Leben integriert hatte, habe ich mich bestimmt jeden Tag über irgendetwas geärgert. Ein winziger Anlass hat genügt. Und seit ungefähr zehn Jahren bin ich eigentlich kaum noch wütend. Ich habe nichts dagegen, wenn ich es bin. Ich finde, es ist völlig in Ordnung, wütend zu sein. Bloß jetzt bin ich einfach sehr viel schneller mit meinen Bedürfnissen verbunden.

Die Sprache der Bedürfnisse

„Ein Konflikt ist tragischer Ausdruck eines unerfüllten Bedürfnisses."

Ich sehe ein, dass Bedürfnisse etwas sehr Wichtiges sind, aber ich muss gestehen, dass mir das Wort etwas schwer von der Zunge geht: Bedürfnis. Es hat so etwas Mangelorientiertes, so wie: bedürftig. Hat sich schon mal jemand über diesen Begriff beschwert?

So gut wie jeder. Ich mag das Wort Bedürfnis selber überhaupt nicht, es hat so viele negative Konnotationen, die nichts mit der Schönheit zu tun haben, die ich darin sehe. Für mich sind Bedürfnisse Offenbarungen des Lebens. Aber das Wort wird oft assoziiert mit „bedürftig", „gierig", „anhängig", „selbstsüchtig" und anderen unangenehmen Dingen. Ich habe lange nach einem Wort gesucht, das beschreibt, was ich meine. Aber ich habe kein besseres Wort gefunden. Es ist signifikant für unsere Sprache und unsere kulturelle Prägung, dass es kein anderes, positiver besetztes Wort dafür gibt. Wir haben nicht gelernt, unsere Bedürfnisse als etwas Schönes und Wertvolles zu sehen.

Deshalb sage ich immer, dass es um diese beiden Fragen geht: Was ist lebendig in dir? Und: Was würde dein Leben bereichern? Mir ist es wichtig, dass die Menschen dieses Bild verstehen. Was ist lebendig? Darum geht es. Ich spreche über Gefühle und Bedürfnisse, weil mir das als der sinnvollste Weg erscheint, mich mit diesen Fragen zu beschäftigen. Aber ich bin offen für Anregungen, falls jemandem etwas Besseres einfällt.

Und ich schlage vor, Bedürfnisworte in unsere Sprache zu integrieren. Das ist gar nicht so schwer, denn im Prinzip haben wir nur neun Bedürfnisse. Das behauptet zumindest der chilenische Wirtschaftstheoretiker Manfred Max-Neefs – seine gesamte Theorie basiert auf der Ökonomie der menschlichen Bedürfnisse. Ich selber habe in meinem Buch[3] 20 bis 30 Bedürfnisse aufgeführt, aber ich stimme Max-Neefs zu, es gibt neun Überbegriffe, mit denen man so ziemlich alle abdeckt. Es gibt natürlich viele sprachliche Ausdrucksformen, um von Bedürfnissen zu sprechen und Bedürfnisse mitzuteilen, und es ist auch wichtig, die eigenen Worte dafür zu finden.

Neun Bedürfnisse? Mir fallen auf Anhieb schon drei Bedürfnisse ein: Essen, Trinken, Schlafen …
Die kann man alle unter dem Bedürfnis nach *körperlicher Nahrung* zusammenfassen, dazu gehören auch körperliches Wohlbefinden und so etwas wie Schutz und Unterkunft. Die anderen sind: Das Bedürfnis nach *Sicherheit*, nach *Verständnis*, ich nenne es auch Empathie, nach *Kreativität*, nach *Liebe*, ich spreche lieber von dem Bedürfnis nach Intimität, das Bedürfnis nach *Spiel*, *Erholung*, *Autonomie* und *Sinn*, letzteres könnte man auch das Bedürfnis nach Spiritualität nennen.

Giraffensprache sprechen heißt, in den verschiedensten Situationen Worte dafür zu finden, was in uns vorgeht. Und da hilft es ungemein, sich einen persönlichen Wortschatz anzueignen, mit dem ich diese neun Bedürfnisse beschreiben kann.

Der Mensch ist ein Herdentier, das heißt, wir brauchen unsere gegenseitige Unterstützung bei der Erfüllung unserer Bedürfnisse. Gleichzeitig bin ich für meine Gefühle und die Erfüllung meiner Bedürfnisse selber verantwortlich.

Nun ist ein Bedürfnis, das ich oft höre und verwende, das Bedürfnis nach Respekt. Jeder Mensch leidet darunter, wenn er nicht respektvoll behandelt wird. Das Gleiche gilt für Anerkennung. Ich habe den Eindruck, dass bei der Verwendung dieser Bedürfnisworte ein Dilemma deutlich wird: Ob ich respektvoll behandelt werde oder nicht, hängt von meinem Gegenüber ab, der andere bestimmt, ob mein Bedürfnis nach Respekt erfüllt wird oder nicht.
Respekt ist kein besonders gutes Wort, um das Bedürfnis dahinter auszudrücken. Gleichzeitig ist es ein wichtiges Bedürfnis, deshalb benutzen wir es viel.

Meistens, wenn Leute das Wort Respekt benutzen, dann meinen sie damit etwas anderes, sie wollen eigentlich Verständnis dafür, wer sie sind. Ich wette, wenn wir uns die Zeit nehmen würden, rauszukriegen, was hinter dem Bedürfnis nach Respekt steckt, dann geht es ganz oft auf einer tiefen Ebene um Empathie. Aber dafür braucht man ein hohes Bewusstsein und deshalb fassen viele Menschen all das in dem Wort Respekt zusammen.

Das Problem ist, dass wir nicht viele Worte für Bedürfnisse haben, weil sie keinen hohen Stellenwert haben. Kulturen haben für *die* Bereiche einen ausgeprägten Wortschatz, denen sie viel Bedeutung beimessen. So wie es in Ländern mit viel Schnee viele verschiedene Worte für alle möglichen Formen von Schnee gibt. Das ist also ein grundsätzliches Problem mit den Bedürfnissen. In unserer Kultur wird Bedürfnissen nicht viel Aufmerksamkeit geschenkt, also gibt es auch kein vielfältiges Vokabular dafür. Und oft steckt in den Worten, die wir für Bedürfnisse haben, so wie bei Respekt und Anerkennung, bereits eine Strategie. Wenn wir also von dem Bedürfnis nach Respekt sprechen, dann beschreibt dieses Wort bereits, was die andere Person tun soll, und dann ist es kein Bedürfnis, sondern eine Strategie.

Eine Strategie ist also eine ganz konkrete Vorstellung oder favorisierte Art, ein Bedürfnis zu erfüllen. Wenn ich zum Beispiel das Bedürfnis nach Entspannung und Erholung habe, dann ist eine meiner Lieblingsstrategien, einen langen Spaziergang zu machen. Es gibt jede Menge andere Strategien, dieses Bedürfnis zu erfüllen, manche Menschen machen Sport, andere legen sich in die Badewanne. Wir haben alle die gleichen Bedürfnisse, aber völlig unterschiedliche Vorstellungen und Strategien, wie sie zu erfüllen sind. Und ich schätze, es wird genau in dem Moment kompliziert, in dem mehr als eine Person an der ganzen Sache beteiligt ist.

Es funktioniert dann, wenn wir unser Bedürfnis kennen und nicht auf bestimmte Strategien fixiert sind. Wenn ich mir darüber klar bin, dann kann ich jeden Menschen fragen, ob er mich in der Erfüllung meiner Bedürfnisse unterstützt. Ich gehe aber davon aus, dass er es nur dann tut, wenn er es selber will. Es gibt keine Erwartung, ich sage nur, was ich gerne hätte.

Keine Erwartung? Das klingt einfacher, als es ist. Was ist, wenn ich eine Krise habe und das dringende Bedürfnis, dass meine beste Freundin für mich da ist, mir Empathie gibt? Wenn ich ehrlich bin, dann habe ich die Erwartung, dass sie mich nicht im Stich lässt. Oder in einer Partnerschaft, da gibt es doch erst recht Erwartungen –

Nach meiner Definition bezieht sich ein Bedürfnis weder auf eine bestimmte Person, noch auf eine bestimmte Handlung. In Ihrer Situation vermischen Sie das Bedürfnis und die Bitte. Es ist sehr wichtig, da klar zu trennen. Denn erst dann können wir sehen, in welcher Fülle wir leben. Wenn ich mir anschaue, was für Bedürfnisse ich habe, ohne sie mit bestimmten Strategien zu verknüpfen, dann eröffnen sich mir alle Möglichkeiten dieser Welt, um diese Bedürfnisse zu erfüllen. Sobald wir Bedürfnis und Bitte vermischen und denken, unser Bedürfnis kann nur von einer bestimmten Person oder auf eine bestimmte Weise erfüllt werden, schränken wir uns ein und aus der Fülle wird Knappheit. Außerdem wird die Person, zu der wir sagen: „Ich brauche Empathie und du bist diejenige, die sie mir geben muss", eine Forderung hören. Niemand hat Freude daran, mir etwas zu geben, wenn die Erfüllung meiner Bedürfnisse von ihm allein abhängig ist. Stellen Sie sich mal vor, was für eine Last es wäre, wenn meine Bedürfnisse nur durch Sie erfüllt werden könnten.

Wenn ich also die Erfüllung meiner Bedürfnisse von bestimmten Personen entkoppeln kann – es gibt sechs Milliarden Menschen auf der Welt – dann finde ich sicher jemanden, der etwas für mich tun kann. Mich selbst eingeschlossen, ich kann auch etwas tun, zum Beispiel kann ich mir Selbsteinfühlung geben, um mein Bedürfnis nach Empathie zu nähren.

Manchmal haben wir natürlich eine starke Präferenz, was die Erfüllung unserer Bedürfnisse angeht, wenn ich zum Beispiel das Bedürfnis nach Zärtlichkeit oder Intimität habe, kann es sein, dass ich eine bestimmte Person im Auge habe. Aber das ändert nichts daran, dass dieses Bedürfnis immer noch auf vielfältige Weise erfüllt werden kann.

Wenn ich beschließe, einer Person gegenüber meine Bedürfnisse auszudrücken, dann ist es hilfreich zu überlegen, welche Worte ich wähle. Aber noch viel wichtiger als die Worte sind die Haltung und die Energie, mit denen ich mein Bedürfnis ausdrücke. Ich würde Ihnen gerne anhand eines Beispiels erklären, was ich meine. Was wäre zum Beispiel ein Bedürfnis, bei dem es schwierig ist, sich jemand anderem mitzuteilen?

Was oft Konflikte in Beziehungen auslöst und worum viele Paare ringen, ist das Bedürfnis nach Aufmerksamkeit und Verbindung.
Okay, das Gefühl könnte hier Einsamkeit sein. Jetzt kann ich mein Bedürfnis mit drei unterschiedlichen Haltungen zum Ausdruck bringen. Also, eine Variante geht so: Ich bin einsam, weil mein Bedürfnis nach Verbindung nicht erfüllt ist, und ich komme zu Ihnen und sage: „Du, also wir sind doch jetzt schon das ganze Wochenende hier in der Wohnung zusammen, und ich kann mich nicht erinnern, dass wir überhaupt schon ein Wort miteinander gesprochen haben, und weißt du, ich hatte mich so auf diese Tage gefreut. Ich weiß ja, dass du viel zu tun hast und dass du deshalb den ganzen Tag am Computer sitzt, und ich will dich auch gar nicht nerven, aber ich habe neulich gelesen, dass das Durchschnittspaar nur ganz wenig Zeit wirklich miteinander verbringt, also ich meine gemeinsam, weißt du, und wenn ich so daran denke, wie das damals bei meinen Eltern war, also die haben ja auch nie Zeit füreinander gehabt …"

Danke, das reicht. Ich glaube, ich habe verstanden, was Sie meinen.
„Nicht schlagen".

Das kann einen wirklich aggressiv machen.
Ja, weil ich, wenn ich in dieser Energie bin, nicht das Gefühl habe, dass meine Bedürfnisse ein Geschenk sind. Ich denke, Bedürfnisse zu haben ist bedürftig, abhängig und peinlich. Dann habe ich das Selbstbild, dass ich keine Bedürfnisse haben darf. Da ich mich selber so verurteile dafür, Bedürfnisse zu haben, habe ich Angst, dass andere mich auch dafür verurteilen. Also rede ich zwei Stunden lang, um mich selbst zu rechtfertigen. Das geht natürlich dem anderen auf die Nerven, und er reagiert mit: „Ja, ja, nachher" oder so ähnlich, was mir bestätigt, dass keiner Lust hat, mit mir Zeit zu verbringen.

Und wie geht die erfolgreiche Alternative?
Dazu brauchen wir ein Bewusstsein, das uns zu sehen hilft, dass unsere Bedürfnisse Geschenke sind. Ich nenne es Weihnachtsmann-Energie, das hört sich so an: „Ho, ho, ho, du Glückliche. Von sechs

Milliarden Menschen auf dieser Erde habe ich dich ausgewählt, um mein Bedürfnis nach Aufmerksamkeit und Verbindung zu erfüllen." Und das meine ich ernst. Wenn wir unsere Bedürfnisse als Geschenk sehen, dann geben wir der anderen Person die Chance, das zu tun, was Menschen am allerliebsten tun: dazu beizutragen, dass das Leben reicher und schöner wird. Und als Giraffe will ich natürlich, dass der andere mein Bedürfnis nur dann erfüllt, wenn er es will. Es ist schwer vorstellbar, warum irgendjemand meine Bedürfnisse nicht erfüllen wollen würde, aber wenn er – warum auch immer – entscheidet, es nicht zu tun, dann wird er gute Gründe dafür haben.

Das Bild des Bedürfnisses als Geschenk ist wirklich sehr anschaulich, denn es lässt sofort spürbar werden, wieviel mehr Freude es macht, einander ohne Erwartungen zu begegnen. Selbst wenn ich das Bedürfnis meines Gegenübers nicht erfüllen will, kann ich es als Geschenk annehmen und würdigen.

Sie haben von drei verschiedenen Energien gesprochen – ich bin neugierig auf die dritte.

Sie ist mit der ersten Variante verwandt. „Jetzt mach endlich den Scheiß-Computer aus. Wenn du dir nicht endlich Zeit für mich nimmst, dann gehe ich." Das heißt, ich stelle Forderungen. Wenn ich meine Bedürfnisse so zum Ausdruck bringe, dann habe ich mich wahrscheinlich lange nicht getraut, es zu tun und bin immer wütender geworden und dann kommt so etwas dabei raus. Aber es ist das gleiche Prinzip wie bei dem ersten Beispiel: Ich glaube nicht, dass meine Bedürfnisse wichtig sind. Ich nenne die erste Variante: „Nicht schlagen", die zweite „Weihnachtsmann" und die dritte „Entweder oder".

Ich habe den Eindruck, dass viele Menschen denken, dass sie für die Bedürfnisse anderer Menschen zuständig sind und deshalb Angst haben, nein zu sagen, wenn sie um etwas gebeten werden. Und das bringt sie dazu, Dingen zuzustimmen, die sie nicht wirklich wollen.

Das ist das Schlimmste überhaupt: „Ja" sagen, aber nicht „ja" meinen. Das ist richtig gefährlich, lassen Sie mich erklären warum:

Eines Morgens um zwei Uhr klingelte es an meiner Tür, draußen regnete es und da stand eine Frau vor meiner Tür, hochschwanger, und heulte sich die Seele aus dem Leib: „Mein Mann hat mich rausgeschmissen. Ich habe ihn um was gebeten und er hat mich angeschrien: ‚Raus, raus mit dir!'". Ich meine, es gibt angenehmere Arten, aufgeweckt zu werden. Mir war überhaupt nicht klar, worum es eigentlich ging, und ich sagte: „Kommen Sie rein. Sind Sie eine von meinen Nachbarinnen?" „Nein, ich wohne auf der anderen Seite der Stadt." „Und wie in Gottes Namen kommen Sie hierher?" „Ich habe meine Mutter angerufen, sie wohnt in Kalifornien (ich wohnte damals in Texas), und ich habe ihr erzählt, dass mein Mann mich rausgeschmissen hat. Meine Mutter hat neulich an einem Workshop von Ihnen teilgenommen und sie hatte die Idee, dass ich zu Ihnen fahre und mit Ihnen rede." Ah, okay. „Ich bin seit acht Jahren verheiratet und mein Mann hat mir jeden Wunsch von den Lippen abgelesen, mir jede Bitte mit einem Lächeln erfüllt. Und plötzlich – ich bitte ihn um etwas, es war nur eine Kleinigkeit, und er schreit: ‚Raus!'". Ich wusste sofort, was das Problem war: Acht Jahre lang hatte er „ja" gesagt, aber nicht „ja" gemeint. Er hatte zu allem „ja" gesagt, weil er Angst davor hatte, „nein" zu sagen. Er hat all die Dinge nicht getan, weil er es wollte, sondern, um Liebe zu kaufen und sich nicht schuldig zu fühlen. Das hat einen hohen Preis, weil die Person, die immer „ja" sagt, ständig ihre eigenen Bedürfnisse übergeht und langsam in ihrem Inneren eine riesige Wut aufbaut.

Es war übrigens genau so, wie ich es mir gedacht hatte.

Woher wissen Sie das so genau?

Weil ich ihn aufgeweckt habe. Ich dachte, wieso sitze ich hier eigentlich mitten in der Nacht und rede mit seiner Frau, während der Typ friedlich schläft? Also habe ich ihn angerufen und in unsere kleine Runde eingeladen. Wir haben die ganze Nacht geredet und sein Problem war, dass er gar nicht wusste, was seine Bedürfnisse sind. Er war ein netter Mensch. Nehmen Sie sich vor netten Menschen in Acht. Giraffen sind nicht nett.

Lassen Sie mich eine zentrale Erkenntnis zum Thema Bedürfnisse zusammenfassen: Sie sind sehr wichtig, und wenn wir sie als Geschenke

wahrnehmen, dann können wir unsere Mitmenschen damit erfreuen. Das heißt, die Haltung, mit der wir unsere Bedürfnisse kommunizieren, ist noch wichtiger als unsere Sprache. Und schließlich: mein Lebensglück hängt nicht davon ab, dass andere Menschen mir meine Bedürfnisse erfüllen.
Buddha hat das ganz schön auf eine Formel gebracht: Mach dich niemals von deinen Strategien abhängig.

Gut, dass Sie Buddha erwähnen. Ich dachte nämlich immer, Buddhisten finden es erstrebenswert, irgendwann von ihren Bedürfnissen befreit zu sein.
Ich hatte schon lange Diskussionen darüber mit Buddhisten. Ich meine, ich schätze den Buddhismus sehr, ich habe einen Großteil meiner Ideen von Buddha geklaut. Aber ich glaube nicht, dass Buddha jemals gesagt hat: Habe keine Bedürfnisse. Ich kann mir nicht vorstellen, dass er so etwas Absurdes gesagt hätte; ich meine, wir würden nicht lange leben ohne Luft. Aber einige Buddhisten, mit denen ich gesprochen habe, sahen das anders, in ihren Augen ist es irgendwie heilig, keine Bedürfnisse zu haben.

Vielleicht ist man von Bedürfnissen befreit, wenn man erleuchtet ist.
Selbst dann muss man pinkeln, und ich bin sicher, auch Erleuchtete essen irgendwann. Keiner erzählt mir, dass er nicht isst und nicht trinkt. Das glaube ich nicht.

Die Philosophie der Fülle

„In jedem Moment haben wir das Potenzial, dem Leben zu dienen oder Leben zu zerstören."

Sie gehen davon aus, dass der Großteil der Menschheit von Wolfssprache und -denken geprägt ist, das heißt, wir haben alle gelernt zu kritisieren, zu bewerten und zu beurteilen. Wie kann man bei sich selbst dieses lang eingeübte Verhalten und Denken verändern? Wie bringen

Sie den Leuten bei, sich mit den Gefühlen und Bedürfnissen in ihnen selbst und in anderen zu verbinden?
Mit Hilfe von Selbsteinfühlung. Ich fange meine Workshops meistens damit an, dass ich zu den Leuten sage: „Erinnert euch bitte an eine möglichst aktuelle Situation, an etwas, was ihr getan habt, von dem ihr euch wünscht, ihr hättet es nicht getan. Also noch mal in Wolfssprache: Wann habt ihr das letzte Mal einen Fehler gemacht? Wenn ihr den Workshop erfolgreich durchlaufen habt, dann werdet ihr nie wieder diesen Gedanken haben: dass ihr einen Fehler gemacht habt. Denn niemand hat jemals etwas falsch gemacht und wird auch niemals etwas falsch machen. Aber falls ihr jetzt noch glaubt, dass es so etwas gibt wie Fehler, dann schreibt bitte eine entsprechende Situation auf. Und dann erinnert euch noch mal daran, was ihr in dieser Situation zu euch selber gesagt habt."

Ich nenne diese Stimme, die dann zu uns spricht, den inneren Richter. Urteile sind sehr wichtig für unser Leben, denn wir wollen wissen, ob das, was wir tun, dem Leben dient. Und die Frage ist: Wie urteilen wir über uns selber, wenn wir nicht 100-prozentig perfekt sind? Wir haben bereits als Kind gelernt, unser eigenes Verhalten streng nach moralischen Grundsätzen zu beurteilen. Richtig, falsch, gut, böse. Anstatt uns selbst gegenüber einfühlend zu sein, haben wir gelernt, uns Vorwürfe zu machen. Das führt zu selbsterfüllenden Prophezeiungen, denn wenn ich mir die ganze Zeit einrede: „Du bist so dumm", dann werde ich davon bestimmt nicht schlauer.

Um dieses ganze Muster zu verändern, fangen wir bei uns selber an. Wir transformieren uns selbst in ein lebensbejahendes System, ohne Vorwürfe, ohne Strafe, ohne Scham, ohne Schuld. Eigentlich will der Richter ja dazu beitragen, dass unsere Bedürfnisse erfüllt werden, und er versucht, unser Verhalten daraufhin zu hinterfragen. Der arme Richter ist nun aber leider zur Wolfssprache erzogen worden, wie soll man da dazulernen, ohne sich zu hassen? Die Absichten des Richters sind gut, also müssen wir ihm nur beibringen, wie er unser Verhalten gewaltfrei beurteilt. So können wir einen effektiveren Weg finden, unsere Bedürfnisse zu erfüllen, der uns weniger kostet.

Was meinen Sie konkret damit, wenn Sie von „effektiver" und „weniger kosten" sprechen?
Mal angenommen, ich bin ein Hund und fresse etwas, von dem ich krank werde. Dann versuche ich aus dieser Situation etwas zu lernen, damit mein Bedürfnis nach Ernährung zukünftig auf eine Weise erfüllt wird, die effektiver ist und mich weniger kostet. Da ich leider kein Hund bin, sage ich zu mir, wenn ich mir den Magen verdorben habe: „Wie konntest du so blöd sein, immer isst du so ungesundes Zeug, du weißt doch, dass dir das nicht bekommt, wann wirst du endlich mal vernünftig?" Und dann habe ich mir selbst erklärt, warum das passiert ist: Weil ich unvernünftig bin. Also mache ich genauso weiter.

Immer, wenn ich Hunde sehe, beneide ich sie. Hunde müssen das alles nicht durchmachen, nur um ihre Bedürfnisse zu erfüllen.

Wenn mein innerer Richter eine lebensfreundliche Erziehung genossen hätte, dann würde er mein Verhalten aufmerksam verfolgen, und wenn er sehen würde, dass ich etwas tue, was an meinen Bedürfnissen vorbeigeht, würde er fragen: „Dient das, was du da tust, dem Leben?" Wenn nicht, dann würde er fragen: „Was könntest du tun, um einen effektiveren Weg zu finden, der dich weniger kostet?" Dann würde ich mir keine Vorwürfe machen und nicht denken, dass ich etwas falsch gemacht habe. Ich würde auch nicht denken, dass ich etwas richtig gemacht habe. Es ist doch so: Je mehr wir alles in unserem Kopf analysieren, desto weniger leben wir. Also, bringen wir unserem inneren Richter Giraffensprache bei. Das machen wir, indem wir empathisch sind, das heißt, ihm Einfühlung geben. Wir erziehen unseren inneren Richter mit Hilfe von Selbsteinfühlung um. Wir könnten eine Menge von unseren Beschränkungen lernen, wenn wir es genießen könnten, uns mal daneben zu benehmen und nicht gleich unseren Selbstrespekt verlieren würden. Selbstempathie ist da sehr wichtig und hilfreich.

Der Theologe Paul Tillich sagt immer wieder: Leben heißt, Mut zu haben – auch den Mut zu sündigen.[4] Das setzt voraus, dass wir Verantwortung dafür übernehmen, wie wir in jedem einzelnen Moment unser Leben gestalten wollen. Ob es uns gelingt oder nicht, wissen wir immer erst hinterher.

Ich greife mal Ihr Beispiel auf: Ich habe drei Stücke Sahnetorte gegessen und jetzt ist mir schlecht. Mein innerer Richter sagt: „Das kommt davon, weil du immer so gierig und verfressen bist." Also gebe ich ihm Einfühlung und höre seine Bedürfnisse. Auf diese Weise finde ich heraus, dass er meint: „Ich will nicht, dass dir schlecht wird, und ich will dass du dich so ernährst, dass du gesund bist und dich wohl fühlst." Das kann ich gut hören.

Aber ein Problem ist noch ungelöst. Auch wenn es nicht gut für meinen Magen war, gab es doch ein anderes wichtiges Bedürfnis, das ich hatte, als ich drei Stücke von dieser unglaublich leckeren Torte gegessen habe.

Ja, bisher habe ich auch nur über den inneren Richter gesprochen. Es gibt noch einen zweiten sehr wichtigen Teil in uns, ich nenne ihn den inneren Entscheider. In diesem Fall müssen wir mit dem inneren Entscheider sprechen. Er ist derjenige, der dafür sorgt, in jedem einzelnen Moment, dass unser Leben erfüllt und schön ist. Er hat den Auftrag, uns zu nähren und für uns zu sorgen. Es gibt so viele Dinge, die das Leben bereichern können, man kann sich also vorstellen, was für eine große Aufgabe das ist. Überlegen Sie mal, wie viele Entscheidungen Ihr innerer Entscheider allein heute schon treffen musste. Wann stehe ich auf? Was will ich essen? Wo gehe ich hin, was tue ich da, was sage ich, wenn ich jemanden treffe? Das ist eine Menge Arbeit. Andererseits zeigt das auch, wie enorm reich und machtvoll wir sind. Jeder einzelne von uns ist ein Kraftwerk, wir haben unbeschreibliche Ressourcen. Denn in jedem Moment haben wir das Potenzial, dem Leben zu dienen oder Leben zu zerstören. Es gibt viele Entscheidungen zu treffen. Ich finde es wichtig, uns immer wieder der Macht unserer Worte, unserer Handlungen bewusst zu werden und uns die Frage zu stellen: Wie nutzen wir eigentlich all diesen Reichtum?

Also, der Job des inneren Entscheiders ist es, für ein erfülltes Leben zu sorgen, und der innere Richter beurteilt, ob es ihm gelingt oder nicht. Wir müssen mit diesen *beiden* Anteilen in uns einfühlend umgehen.

Wenn also die Leute in meinem Workshop aufgeschrieben haben, was ihr innerer Richter gesagt hat, dann widmen wir uns dem inneren Entscheider und ich frage: „Als du das gemacht hast, was du einen Fehler nennst, also zum Beispiel, als du die Sahnetorte gegessen hast, was hat dich dazu bewogen, das zu tun? Was war dein Bedürfnis in dem Moment?"

Also geben wir auch dem inneren Entscheider Einfühlung, um ihn zu verstehen.

Weder unser innerer Entscheider noch unser innerer Richter hat Böses im Sinn. Sie gehören zum gleichen Team, beide sorgen sich um unser Wohlergehen. Also: Was auch immer wir anstellen, wir fangen damit an, uns bewusst zu machen, dass es kein Fehler war. Für alles, was wir tun, haben wir gute Gründe. Wir haben es getan, um ein Bedürfnis zu erfüllen. Das bedeutet nicht, dass ich mein Verhalten rechtfertige, ich versuche nur die Wahrheit zu sehen. Ich sage nicht, dass es richtig war, ich sage nicht, dass es falsch war.

Selbsteinfühlung heißt für mich: Wir lernen unseren inneren Richter einfühlend zu verstehen, um zu hören, welches Bedürfnis er nicht erfüllt sieht. Und wir hören unserem inneren Entscheider einfühlsam zu, wenn er sagt, welches Bedürfnis er erfüllen wollte. Manchmal haben beide das gleiche Bedürfnis, aber der innere Entscheider hat eine Strategie gewählt, um das Bedürfnis zu erfüllen, die nicht funktioniert, oder sie funktioniert, aber der innere Richter ist nicht einverstanden, weil sie andere wichtige Bedürfnisse nicht erfüllt.

Und was wäre, wenn mein innerer Entscheider sagen würde: Ich musste soviel Torte essen, weil meine Mutter nicht aufgehört hat, diese Stücke auf meinen Teller zu laden, und es war ihr Geburtstag, und sie hat sich soviel Mühe gegeben, und ich wollte sie nicht enttäuschen?

Ich hoffe, Ihr innerer Entscheider benutzt niemals Amtssprache. „Ich musste es tun", „Ich hatte keine Wahl", „Befehl von oben", „Ich hatte keine Zeit", „Das haben wir schon immer so gemacht", „Weil es das Gesetz so will" – jegliche Versuche, die eigene Verantwortung für unser Handeln zu verweigern, nenne ich Amtssprache. Ich hoffe, unser innerer Entscheider weiß, wie man sagt: Ich habe entschieden, es zu tun. Denn wir tun nichts, zu dem wir uns nicht frei entschieden haben. Amtssprache ist eine gefährliche Sprache, ich habe dieses Wort von Adolf Eichmann geborgt. Als er wegen seiner Verbrechen vor Gericht stand, wurde er gefragt, ob es schwierig war, Tausende von Menschen in den Tod zu schicken. Und er sagte: „Um ehrlich zu sein, es war ganz einfach." Und dann hat er erklärt, dass die Sprache es ihm leicht gemacht hat. Er und die anderen Offiziere haben diese Sprache gesprochen, und sie hat ihnen das Gefühl gegeben, für ihre Handlungen nicht verantwortlich zu sein, sie selbst haben ihrer Sprache diesen Namen gegeben: Amtssprache.

Also wollen wir unserem inneren Entscheider beibringen, für seine Entscheidungen Verantwortung zu übernehmen und sich in Bedürfnissprache auszudrücken.

Die Frage ist, wie viel Entscheidungsmacht der innere Entscheider wirklich hat. Ich fürchte, in unserem Wertesystem hat der innere Richter einfach mehr Einfluss. Mal angenommen, ich stehe jeden Morgen um sieben Uhr auf, um pünktlich um acht Uhr mit der Arbeit anzufangen. Dann würde ich es doch trotzdem viel schöner finden, im Bett zu bleiben, Tee zu trinken, bis mittags zu lesen und dann irgendwann, wenn ich mit meinen Freunden telefoniert habe, mit dem Arbeiten anzufangen. Mein innerer Richter sagt: Ich habe das Bedürfnis, dass du effizient bist. Also gehorcht mein innerer Entscheider, und ich stehe um sieben Uhr auf. Das heißt aber nicht, dass ich das gerne tue.

Dann müssen wir diesem inneren Entscheider Einfühlung geben, damit er aufhört damit. Weil wir ja auf keinen Fall wollen, dass unser innerer Entscheider irgendetwas tut, was nicht leicht ist[5].

Leicht? Was soll das heißen? Und was mache ich mit der Arbeit, die sich auf meinem Schreibtisch stapelt?

Während ich als Psychologe in einer Klinik gearbeitet habe, beschloss ich, all die Tätigkeiten aufzuschreiben, von denen ich dachte, ich müsste sie tun, obwohl ich sie hasste. Und ich wollte ja nichts tun, das nicht leicht ist. Selbst harte Arbeit ist dann leicht, wenn ich sie mache, um dem Leben zu dienen. Ganz oben auf meiner Liste der Tätigkeiten, die ich äußerst ungern tat, stand: Patientenberichte schreiben. Eine furchtbare Arbeit, und in meinen Augen diente sie überhaupt niemandem. Als ich mir überlegt habe, warum ich sie trotzdem machte, war der einzige Grund, den ich finden konnte, mein monatliches Gehalt. Und das ist wirklich etwas, was ich in jedem meiner Workshops verkünde: Arbeite niemals für Geld.

Sie meinen: Geld ist keine gute Motivation, um eine Arbeit zu tun, wenn sie die einzige ist? Andererseits kann Geld das Leben in vieler Hinsicht bereichern.
Ich sage jedem, der dieses Argument bringt: Nimm Geld für die Arbeit, die du gerne tun möchtest. Sehen Sie den Unterschied? Arbeite niemals für Geld, sondern sorge dafür, dass du das Geld bekommst, das du brauchst, um die Arbeit zu machen, die du machen willst. Keine Mutter stillt ihr Kind, damit sie etwas zu essen dafür kriegt. Aber wenn sie kein Essen kriegt, dann kann sie das Kind nicht stillen.

Ich sehe den Unterschied. Und es macht das Aufstehen morgens tatsächlich leichter, wenn ich mir bewusst mache, wie erfüllend meine Arbeit ist. Aber geht das denn immer? Ich meine, für viele Menschen geht es schlichtweg darum, den Lebensunterhalt für sich und ihre Familie zu verdienen.
Ich lege Ihnen wärmstens ans Herz, Ihren inneren Entscheider davon zu überzeugen, niemals irgendetwas aus einem der folgenden Gründe tut: für Geld, für Liebe, für Anerkennung, um Strafe zu vermeiden, aus Schuldgefühlen, aus Pflichtgefühl. Das meine ich, wenn ich sage: Tu nichts, das nicht leicht ist.

Ich bin nicht sicher, ob ich wirklich verstanden habe, was Sie mit „leicht" meinen. Ich glaube, die Formulierung ist zunächst irritierend, weil sie so nach Sorglosigkeit klingt.
Die Idee stammt gar nicht von mir. Ich habe das erste Mal in einem Buch von dem Religionswissenschaftler Joseph Campbell[6] darüber gelesen. Er hat sich sein ganzes Leben intensiv mit den Weltreligionen beschäftigt. Seine Erkenntnis war, dass alle Religionen in ihrer Grundaussage gleich sind: Tu nichts, was nicht leicht ist, und es wird leicht sein, wenn du es ausschließlich aus dem Bedürfnis heraus tust, dem Leben – manche nennen es Gott – zu dienen. Wenn das die einzige Motivation ist, dann kann die Arbeit hart sein und anstrengend und trotzdem leicht. Als ich Joseph Campbells Buch zum ersten Mal gelesen habe, war ich auch erstmal skeptisch. Aber

mir wird immer klarer, warum es so wichtig ist, dass das, was ich tue, leicht ist.

Ich arbeite oft in Ländern, in denen es um Leben und Tod geht, wo wir versuchen, Unterdrückung und Völkermord zu verhindern. Und manchmal ist es sehr gefährlich. Wenn ich eine klare Vision davon habe, warum ich dort bin – wenn ich dort bin, um dazu beizutragen, dass das Leben lebenswerter wird –, dann ist es leicht.

Und was ist mit Menschen, die richtig ums nackte Überleben kämpfen müssen? Also, ich meine Menschen, die einfach keine Wahl haben.
Das ist eine spannende Frage, denn in vielen dieser Länder, in denen ich arbeite, ist das so. Ich sehe vierjährige Kinder, die weite Strecken laufen, um Wasser für die Familie zu holen. In der westlichen Welt wird Kindern in Mittelklassefamilien gesagt: „Das musst den Müll raustragen, jeder hat Aufgaben im Haushalt." Ich behaupte, dass die Energie, mit der diese Kinder im Haushalt helfen, eine andere ist als die Energie der Kinder, die wissen, dass die Familie das Wasser braucht, um zu überleben. Also, wenn ich von leicht rede, dann meine ich nicht, dass es immer Spaß macht. Ich meine, dass es sich anders anfühlt, wenn ich etwas aus Pflichtgefühl tue – oder wenn ich Wasser für reiche Leute trage, um Geld dafür zu bekommen –, als wenn mein Tun spürbar meine Bedürfnisse oder die von anderen Menschen nährt.

Ich verstehe langsam, was Sie meinen. In vieler Hinsicht kann ich mir vorstellen, Dinge aus dieser Energie heraus zu tun. Aber mir fallen auch viele Bereiche ein, in denen das nicht geht.
Sie meinen: in einigen Bereichen haben Sie noch nicht gelernt, wie das geht?

Ich bin sehr vorsichtig mit der Formulierung „Das geht nicht" oder „Ich kann nicht". Ich sage lieber: „Ich weiß noch nicht wie".

Und ja: Um nichts zu tun, was nicht leicht ist, brauchen wir ein sehr klares Bewusstsein und viel Einfühlung für den inneren Entscheider und dafür, wie er seine Bedürfnisse erfüllt. An dem Tag, als ich anfing, diese Liste zu machen, um zu überprüfen, warum ich Dinge tue, da wurde ich vor eine echte Herausforderung gestellt, und das um zwei Uhr morgens: Ich hörte lautes Babygeschrei aus dem Nachbarzimmer. Was glauben Sie, was mein innerer Entscheider gesagt hat? „Du musst das Baby füttern." Also habe ich schwer geseufzt und habe mich mit dieser negativen Energie aus dem Bett gequält. Dabei war ich doch gerade dabei, meinem inneren Entscheider beizubringen, nichts zu tun, was nicht leicht ist. Es war eine echte Herausforderung, so mitten in der Nacht, aber ich war eisern und legte mich wieder ins Bett. Ah, das war gut – und ich erinnerte mich daran, wie gut es sich anfühlt, nichts zu tun, was nicht leicht ist. Ja, das Baby schrie immer noch, und ich sah schon die Schlagzeilen: „‚Ich war auf der Suche nach der Leichtigkeit des Seins' – Gestörter Psychologe lässt sein Kind verhungern." Aber es hat nur zehn Sekunden gedauert, bis das „Du musst" aus meinem Kopf verschwunden war und ich mir das Kind nebenan vorgestellt habe, das noch nicht weiß, wie man sich Essen besorgt. Und es hat Hunger! Und dann bin ich aufgesprungen, habe ihm die Flasche gegeben und habe es mit Freude getan. Nicht ich, etwas in mir, hat es getan, es war ganz selbstverständlich. Wir haben gelernt, Dinge aus Pflichtgefühl zu tun, aber das fühlt sich nicht gut an, weil es kein natürliches Bedürfnis ist.

Wie haben Sie das Problem mit den Patientenberichten gelöst? Haben Sie einen Weg gefunden, diese Arbeit so zu tun, dass sie leicht war?
Ich habe ein paar Wochen danach den Job gekündigt und nie wieder Patientenberichte geschrieben. Ich habe anfangs als Taxifahrer gearbeitet, denn ich hatte noch nicht rausgekriegt, wie ich auf leichte Weise *alle* meine Bedürfnisse erfüllen konnte. Aber Taxifahren war auf jeden Fall besser als Patientenberichte schreiben. Aber es war noch nicht wirklich das, was ich unter „leicht" verstehe, ich habe eine Weile dafür gebraucht. Inzwischen habe ich einen Weg gefunden, der mir gefällt: jetzt bestreite ich meinen Lebensunterhalt davon, dass ich mich vor eine Gruppe von Leuten stelle und mit Wolf- und Giraffenpuppen spiele.

Die Macht der Empathie

„Wo zwei oder drei in meinem Namen versammelt sind ..."

Um mit Gefühlen und Bedürfnissen – seien es die eigenen oder die anderer – überhaupt in Kontakt zu kommen, brauchen wir eine besondere Verbindung zum Leben, zu uns selbst und zu anderen Menschen. Wir brauchen Mitgefühl, Sie benutzen auch oft die Begriffe „Empathie" oder „Einfühlung".

Das macht für mich sehr deutlich, dass Gewaltfreie Kommunikation eine Methode ist, bei der die innere Haltung entscheidend ist.
Martin Buber beschreibt in seinem Buch „Ich und Du", dass Empathie das wertvollste Geschenk ist, das ein Mensch einem anderen geben kann.[7]

Für mich geht es bei diesem wertvollen Geschenk um Präsenz, und das ist wirklich die Essenz der Gewaltfreien Kommunikation. Wenn wir Einfühlung geben, dann geht es darum, einfach ganz und gar präsent zu sein, im Moment zu sein. Das heißt auch, die Gedanken zum Stillstand zu bringen, denn wenn wir ganz und gar präsent sind, bringen wir nichts aus der Vergangenheit mit in diesen Moment. Meine ganze psychologische Ausbildung, die ganzen Theorien über menschliches Verhalten verleiten mich dazu, mein Gegenüber zu diagnostizieren und zu pathologisieren. Aber man muss kein Psychoanalytiker sein, es reicht schon, jemanden länger zu kennen, um jede Menge Theorien im Kopf zu haben darüber, wie diese Person ist und warum sie so ist. Alles, was aus der Vergangenheit in den Moment gebracht wird, blockiert die Empathie. Buber sagt es auf sehr poetische Weise: „Trotz aller Ähnlichkeit hat jede lebendige Situation, wie ein neugeborenes Kind, auch ein neues Gesicht, das es nie zuvor gegeben hat und das auch nie wiederkehren wird. Die neue Situation erwartet von dir eine Antwort, die nicht im vorhinein vorbereitet werden kann. Sie erwartet nichts aus der Vergangenheit, sie erwartet Präsenz, Verantwortung; sie erwartet – dich."[8]

Das ist eine ganze Menge, was da von mir erwartet wird.
Empathie ist wirklich das wertvollste Geschenk, das wir geben können. Ich glaube, wir können diese Präsenz nicht lange halten, ohne zu denken. Das ist okay. Wenn ich merke, dass sich mein Verstand einschaltet, dann sage ich freundlich zu mir: „Geh zurück."

Ich habe die Erfahrung gemacht, dass die Macht der Einfühlung enorm ist, auch wenn ich es nicht schaffe, die ganze Zeit voll und ganz präsent zu sein. Der andere Mensch spürt in jedem Fall die Verbindung.

Das Wichtigste ist, dass wir Empathie nicht mit intellektuellem Verstehen verwechseln oder mit Mitleid. Wenn ich jemandem zuhöre, dem es schlecht geht und dann sage: „Das macht mich ganz traurig, dass es dir schlecht geht", dann ist das Mitleid. Empathie heißt, dass ich mich nicht mit meinen Gefühlen verbinde, sondern mit den Gefühlen der anderen Person. Wenn ich Einfühlung gebe und meine eigenen Gefühle sich melden, dann weiß ich, ich habe die andere Person verloren. Dann sage ich freundlich zu mir selber: „Geh zurück."

Aber wird man nicht ganz automatisch emotional berührt, wenn man einem Menschen zuhört, dem es schlecht geht?
Stellen Sie sich vor, Sie haben Zahnschmerzen oder Kopfschmerzen und lesen ein fesselndes Buch. Sie sind vollkommen in das Buch vertieft. Was passiert dann mit den Schmerzen? Die Schmerzen sind immer noch da, aber Sie sind woanders. So ist das auch mit Empathie. Wir schenken unsere Aufmerksamkeit voll und ganz der anderen Person. Wir denken nicht darüber nach, wie wir das finden, was der andere gesagt hat. Denn wenn wir einer Person Einfühlung geben, dann geht es uns nicht darum, was sie denkt, was übrigens nicht bedeutet, dass wir zustimmen. Wenn wir dem zustimmen, was die andere Person sagt, dann ist es nicht mehr Empathie.

Empathie ist nicht Zustimmung – mein Eindruck ist, dass genau das oft verwechselt wird. Deshalb fällt es oft so schwer zuzuhören. Spätestens dann, wenn jemand Dinge sagt, die provozierend sind. Ich finde es ungemein entlastend zu wissen: Ich muss – auch in einer Konfliktsituation – nicht einer Meinung mit der anderen Person sein, um sie zu verstehen. Das ist natürlich trotzdem nicht immer so einfach. Können

Sie nochmals beschreiben, worauf genau Sie Ihre Aufmerksamkeit richten, um voll und ganz präsent zu sein?
Auf die göttliche Energie, die durch die Person fließt. Das ist etwas abstrakt. Deshalb spreche ich immer von dem, „was lebendig ist". Das ist die beste Beschreibung, die mir einfällt, um vorstellbar zu machen, worum es geht. „Leben" und „göttliche Energie" sind Synonyme für mich. Das ist sprachlich schwer zu fassen, es sind immer nur Worte. Der Semantiker Alfred Korzybski hat sehr schön beschrieben, als er gesagt hat: „Die Landkarte ist nicht das Land." Das heißt: Je schöner etwas ist, desto schwächer ist Sprache als Ausdruck für diese Schönheit.

Das, was uns hilft, mit der göttlichen Energie Verbindung aufzunehmen, nenne ich Gefühle und Bedürfnisse. Also richte ich meine Aufmerksamkeit auf die Gefühle und Bedürfnisse.

Wir haben schon darüber gesprochen, dass es schwer ist, in Berührung mit Gefühlen und Bedürfnissen zu kommen, wenn mein Gegenüber Wolfssprache spricht. Was machen Sie, wenn jemand Ihnen seine ganze Kindheitsgeschichte erzählt?
Ich gehe nicht mit in die Kindheit, das ist Vergangenheit. Empathie findet immer im Jetzt statt. Viele Leute denken, dass sie die ganze Geschichte erzählen müssen, um Empathie zu bekommen. Das liegt daran, dass sie nicht wissen, was Empathie ist; sie denken, damit ich sie verstehen kann, muss ich wissen, was passiert ist. Aber ich gehe nie mit in die Vergangenheit, wenn ich Einfühlung gebe. Ich höre nicht die Geschichten und nicht die Gedanken, ich verbinde mich mit dem, was in diesem Moment lebendig ist. Und das kann ich im Stillen tun. Eigentlich brauche ich für Empathie keine Worte.

Ich fange erst dann an, Worte zu benutzen, wenn ich vom Surfbrett falle. Einfühlung geben ist wie Surfen. Beim Surfen versucht man sich von den Wellen, von der Energie des Meeres mitnehmen zu lassen. Wenn ich nicht sicher bin, ob ich noch mit der Energie, die durch die andere Person fließt, verbunden bin, dann sage ich ihr, welche Gefühle und Bedürfnisse ich höre. Und die andere Person hat dann die Möglichkeit, mich zu korrigieren, wenn in ihr etwas anderes vorgeht, und so stellen wir die Verbindung wieder her.

Dann hilft Empathie Menschen, mit tieferen Schichten in sich selbst in Berührung zu kommen, jenseits der Version ihres Lebens, die sie sich selbst und anderen bisher erzählt haben.
Ja, denn in dem, was wir uns meistens erzählen, geht es nicht um Gefühle und Bedürfnisse. Der Verstand hat Geschichten daraus gemacht: „Mein Vater hat mir dies und jenes angetan …". Einfühlung heißt, die Geschichten, Theorien, Interpretationen zu übersetzen, zum Beispiel: „Wenn du an deinen Vater denkst, fühlst du dich dann …?" Das ist Empathie: Präsenz, all meine Aufmerksamkeit ist auf die Gefühle und Bedürfnisse der anderen Person gerichtet. Und ich überprüfe meine Wahrnehmung, indem ich nachfrage, falls ich nicht sicher bin, ob wir miteinander verbunden sind.

Es gibt noch einen Moment, in dem wir Worte benutzen, auch wenn wir uns ganz sicher und verbunden mit unserem Gegenüber fühlen. Wenn jemand sich sehr verletzbar macht, während er erzählt, was in ihm vorgeht, dann kann es ihm helfen und auch beruhigen, eine Bestätigung von uns zu bekommen, dass wir bei ihm sind. Manche Menschen mögen es, wenn man ihnen in Worten spiegelt, was man hört und manche mögen es lieber, wenn man ihnen einfach aufmerksam zuhört. Das muss man im Kontakt mit diesem Menschen und der Situation erspüren, man kann sich da aber auch immer mal wieder irren. Ich habe mal ein Workshop für Paare gegeben. Einer von den Männern hat versucht, seiner Partnerin Einfühlung zu geben, es ging um das Thema „alt werden". Mir schien es, als würde die Frau ihren Schmerz sehr klar zum Ausdruck bringen und ich hatte auch den Eindruck, dass ihr Partner ganz bei ihr war. Also hätte ich wahrscheinlich das Gleiche getan wie er, ich hätte einfach still zugehört. Und sie meinte: „Sag irgendwas! Damit ich weiß, dass Du mich verstehst!" Okay, also hatte er falsch geraten, sie hätte gerne gehabt, dass er aktiv zuhört.

Der nächste Mann wollte aus dem Fehler seines Vorgängers lernen. Seine Partnerin erzählte von sich, auch sie war sehr klar mit dem, was sie sagte. Und auch er schien mir sehr präsent zu sein. Und dann fing er an zu sagen, was er hört. „Bist du traurig, weil …" Und sie wurde wütend und sagte: „Hör auf zu wiederholen, was ich sage. Ich will eine Antwort von dir." Wir werden also immer wieder daneben tippen, aber das ist in Ordnung, denn als Giraffen versuchen wir nicht perfekt zu sein. Wenn wir perfekt sein wollen, haben wir so große Angst, dass wir es gar nicht erst probieren. Ich schlage vor, dass wir versuchen, jeden Tag ein bisschen mehr von unseren Beschränkungen zu verlieren. Dann freuen wir uns über Fehler, denn wir können aus ihnen lernen.

Wie kann man Empathie lernen? Es klingt so, als wäre sie eine Haltung gegenüber dem Leben, die man sich mühsam erarbeiten muss durch Therapie, einen spirituellen Weg oder andere Formen der Selbsterfahrung.
Gefühle und Bedürfnisse zu erfragen ist ein Anfang. Und selbst wenn jemand dabei noch mit den vier Schritten – mit *Beobachtung, Gefühl, Bedürfnis, Bitte* – kämpft und vielleicht nur 20 Prozent präsent ist – also eine Babygiraffe ist, wie ich das nenne –, selbst das macht viel aus.

Ich bin vor kurzem von einem großen Netzwerk eingeladen worden, das sich mit Gewaltprävention beschäftigt und Beratung für Menschen in Krisensituationen anbietet. Ich habe einen Workshop für die Mitarbeiter und Mitarbeiterinnen dieses Netzwerkes gegeben. Sie waren von Psychologen ausgebildet worden, und Empathie war für sie – nach meiner Definition – ein Fremdwort. Als wir ein Rollenspiel gemacht haben mit einer Person, die sagte: „Ich will nicht mehr leben!", habe ich alle Teilnehmenden des Workshops gebeten, aufzuschreiben, wie sie auf diese Person reagieren würden. Ungefähr 80 Prozent der Gruppe schrieb Fragen auf wie „Wann hat diese Phase begonnen?" oder „Glauben Sie, dass das ihr Problem lösen wird?" Trotzdem ist die Arbeit des Netzwerks erfolgreich, die Selbstmordrate ist runtergegangen, und daraus leite ich ab, dass selbst ein bisschen Empathie, allein die Tatsache, dass jemand am Telefon mit dir redet, etwas bewegen kann. Aber wir könnten noch viel mehr bewegen. Stellen Sie sich vor, wie das wäre, wenn Menschen mit Depressionen die Chance hätten, irgendwo anzurufen und High-Quality-Einfühlung zu bekommen.

Und wie bringen Sie Leuten bei, High-Quality-Einfühlung zu geben?
Wenn ich erkläre, was Empathie ist, dann benutze ich am liebsten Bilder, wie das mit dem Surfbrett. Es geht darum, der natürlichen Energie, dem Fluss dessen zu folgen, was mein Gegenüber bewegt. Wie beim Surfen vertraue ich der Kraft, die mich trägt. Es funktio-

niert nicht, einfach nur mechanisch die Methode der Gewaltfreien Kommunikation anzuwenden, denn dann verlieren wir den anderen. Gleichzeitig sind die Leute dankbar für die Methode; sie sagen: „Ich kenne dieses Gefühl der Verbundenheit, aber ich finde nicht immer Zugang zu diesem besonderen Energiefluss. Die vier Schritte der Gewaltfreien Kommunikation helfen mir dabei, die Verbindung herzustellen." Das heißt, alle Menschen haben das Potenzial in sich, nur wissen die meisten nicht, wie sie es nutzen können.

Es gibt ein buddhistisches Gleichnis, das ganz schön beschreibt, worum es geht: „Wenn Du einen Berg hinauf wandern willst, um dort oben die Wahrheit zu finden oder Gott, oder was auch immer du suchst, und ein Fluss trennt dich von diesem Berg, dann kann ein Boot sehr hilfreich sein, um diesen Fluss zu überqueren. Aber derjenige ist ein Narr, der das Boot auf seinem Rücken den Berg hinauf trägt." Ich habe das schon oft zitiert, um die Leute, die Gewaltfreie Kommunikation lernen, daran zu erinnern, dass die Gewaltfreie Kommunikation *ein* Instrument ist, um an den gewünschten Ort zu kommen. Aber sie ist nicht der Ort. Um diesen Ort zu erreichen, ist es wichtig, sich nicht von einer Methode abhängig zu machen, sondern die Methode zu nutzen, um mit der inneren Kraft in Verbindung zu kommen.

Es gibt ja mittlerweile in vielen Städten in Deutschland Übungsgruppen für Gewaltfreie Kommunikation[9]*, auch Giraffengruppen genannt, wo sich Menschen regelmäßig treffen, um die Gewaltfreie Kommunikation selbstverständlicher in ihr Leben zu integrieren, um also von der Methode zur Haltung zu kommen. Ich erlebe es immer wieder, dass Menschen, die Ihr Buch gelesen haben oder einen Workshop besucht haben, sagen, es sei so, als hätte sich eine Tür geöffnet. Sie haben gerade von Menschen gesprochen, die suizidgefährdet sind oder Depressionen haben. Kann auch ihnen mit Gewaltfreier Kommunikation geholfen werden?*

Ich habe regelmäßig mit Menschen zu tun, die mit tiefen Schmerzen zu kämpfen haben, manche sind seit Jahren in psychotherapeutischer Behandlung oder versuchen, ihr Leben mit Antidepressiva in den Griff zu kriegen. Und ich bekomme immer wieder die Rückmeldung, dass sie nach einer Empathie-Sitzung, die vielleicht 45

Minuten dauert, eine radikale Veränderung in sich spüren. Ich konnte das am Anfang selber kaum fassen.

Was genau tun Sie?
Ich frage die Person, wo die Quelle ihres Schmerzes liegt, mit welcher Person in ihrem Leben dieser tiefe innere Konflikt zusammenhängt. Es ist fast immer der Vater oder die Mutter, das ist nicht wirklich überraschend. Manchmal sind es auch Ex-Partner. Wer auch immer es ist, ich gehe in diese Rolle. Ich sage dann zu der Person, die mir gegenüber sitzt: „Das ist jetzt keine Übung, um Gewaltfreie Kommunikation auszuprobieren. Deine Aufgabe ist es, einfach nur zu sagen, was in dir lebendig ist, so ehrlich, wie es geht. Und in der Rolle der anderen Person höre ich dir einfühlend zu." Wenn ich in dieser Rolle bin, dann habe ich Giraffenohren. Damit meine ich, dass ich mich für eine einfühlende Verbindung öffne, ich höre, was jetzt, in diesem Moment, im Herzen dieser Person lebendig ist. In der Rolle des Vaters verbinde ich mich mit all den Schmerzen, die die Person erlitten hat und immer noch erleidet.

In der Rolle des Vaters tun Sie also etwas, das wahrscheinlich sehr selten in Wirklichkeit passiert: Sie hören sich geduldig und einfühlend an, welche lebenslangen Schmerzen Ihr Verhalten beim Sohn oder bei der Tochter verursacht hat.
Ich habe diese Situation gerade in meinem letzten Workshop mit einer Frau erlebt, die als Kind sehr viel Gewalt, besonders der psychischen Gewalt ihres Vaters, ausgesetzt war. Als ich ihr einfühlend zugehört habe, hat sich das in etwa so angehört: „Du willst, dass ich die Wut sehe, die du seit so vielen Jahren in dir trägst. Dein Leben mit mir war voller Angst und Hilflosigkeit, weil dein Bedürfnis nach Sicherheit und Respekt nicht erfüllt war." Daraufhin hat sie genickt und angefangen zu weinen. „Und es ist umso schmerzhafter für dich, weil du immer noch so sehr hoffst, dass wir uns irgendwann mal so begegnen werden, dass unser beider Bedürfnis nach Nähe und Verbundenheit erfüllt wird." Sie weinte und sagte: „Ja." Und das ging noch ein paar Mal so hin und her. Und dann konnte ich sehen, wie sie sich entspannte. So verstanden zu werden, hat schon

viel ausgemacht, auch wenn ich nicht der richtige Vater war. Zu erleben, wie es sich anfühlt, so gesehen zu werden.

Und dann habe ich getrauert. Ich unterscheide Trauern von Entschuldigungen. Entschuldigungen gehören für mich in die Wolfswelt, denn wenn ich mich entschuldige, gebe ich zu, dass ich ein schrecklicher Mensch bin und Strafe verdient habe. Wenn ich trauere, dann gehe ich auf eine viel tiefere Ebene in mir. Ich setze mich mit meinem eigenen Schmerz auseinander. Also habe ich zu ihr gesagt: „Wenn ich höre, was du alles durchgemacht hast, weil ich unfähig war, anders mit meinem eigenen Schmerz umzugehen – dann kann ich dir gar nicht sagen, wie traurig ich bin. Ich hätte so gerne zu der Nähe und dem Vertrauen, das du dir gewünscht hast, beigetragen." Sie hat mir dann unter Tränen erzählt, wie einsam sie ist, dass sie keine Beziehungen leben kann, weil sich dieser Schmerz zwischen sie und ihre Partner schiebt, und dass die Menschen, die sie liebt, sich von ihr distanzieren.

Dann bin ich zurück in die Zeit gegangen, in der ich – als Vater – so gewalttätig war. Nicht um darüber zu reden, was passiert ist, sondern um sie daran teilhaben zu lassen, was in mir vorging, als ich mich so verhalten habe. Das ist wichtig, denn ich finde, je mehr die Leute über die Vergangenheit reden, desto weniger heilsam ist es. Deshalb gehe ich nur in die Vergangenheit, um der Tochter eine Chance zu geben, zu hören, was zu dieser Zeit in ihrem Vater vorging. Ich habe also gesagt: „Du hast mir erzählt, wie einsam du bist und dass der Schmerz dir in deinen Beziehungen im Wege steht. Das berührt mich sehr, denn ich merke, dass ich das Gefühl sehr gut kenne. Ich war mein ganzes Leben so einsam, ich habe mir so sehr Kontakt zu dir und zu deiner Mutter gewünscht, und ich wusste nicht, wie man das ausdrückt, und mit dem, was ich zu euch gesagt habe, habe ich euch beide immer wieder verurteilt. An deinen Reaktionen hätte ich sehen können, dass du Angst hattest, aber stattdessen dachte ich, du würdest mich verachten. Und das hat mich dann noch wütender gemacht.

Ich konnte nicht zeigen, wie es mir ging, ich konnte nicht zeigen, dass ich mich genauso einsam gefühlt habe wie du jetzt. Stattdessen bin ich in meinen Kopf gegangen und habe dich runtergemacht und – den Rest kennst du ja, wie gewalttätig ich war."

Für die Frau hat das absolut Sinn gemacht, sie wusste, dass genau das, was ich gesagt hatte, in ihrem Vater vorgegangen war. Sie weinte wieder. Und schließlich wich der Schmerz, mit dem sie so tief in Berührung gekommen war, der Erleichterung. Ich sah das erste Mal, seitdem sie in diesem Workshop saß, ein Lächeln in ihrem Gesicht.

Das Ganze hat weniger als eine Stunde gedauert. Und bei der Frau ist etwas sehr Grundlegendes passiert, es hat sich etwas gelöst. Ich denke, sie wird noch weiter an dieser Geschichte arbeiten, es wird nicht sofort alles reines Glück gewesen sein. Aber ich bekomme immer wieder das Feedback von Frauen und Männern, dass während dieser Empathie-Sitzung auf einer tiefen Ebene Heilung in ihnen stattgefunden hat.

Woher wissen Sie, wenn Sie in der Rolle einer anderen Person Einfühlung geben, was diese Person fühlt? Wie ist es möglich, sich in das Innenleben dieses Vaters hineinzuversetzen?

Das hat mich diese Frau auch gefragt: „Mein Gott, wie konntest du das wissen? Ich bin ganz sicher, dass es genau so für meinen Vater gewesen sein muss."

Ich weiß es, weil ich keine Rolle spiele. Ich bin der Vater. Und Sie sind es auch. Wir sind alle ein Teil der göttlichen Energie, wir sind alle Eins. Ich weiß, was in diesem Mann vorging, denn was auch immer es ist, es sind Gefühle, die ich kenne. Ich denke nicht darüber nach, ich bin er. Ich nehme einfach wahr, was in mir passiert. Ich habe mittlerweile viele Trainer und Trainerinnen in dieser Arbeit ausgebildet, deshalb weiß ich, dass es funktioniert: Ich spiele nicht, denke nicht, ich bin ich selbst und gleichzeitig die andere Person.

Nachdem ich der Frau zugehört hatte, konnte *sie* mir Einfühlung geben. Und dass sie mir als Vater gegenüber empathisch sein konnte, das ist ganz wichtig. Nur so ist Heilung möglich. Dann kann so etwas wie Vergebung stattfinden. Empathie und Vergebung gehören für mich zusammen. Man könnte auch sagen: „Wenn wir empathisch sind, dann gibt es nichts zu vergeben."

Sind Sie jemals für diesen Ansatz kritisiert worden, so nach dem Motto: „Das kann ja jeder behaupten, dass er spürt, wie es ist, dieser Vater zu sein, aber wie wollen Sie das denn überprüfen?

Ich schlage den Leuten oft vor, eine Aufnahme von der Empathie-Sitzung zu machen. Dann kann man diese Aufnahme hinterher demjenigen geben, in dessen Rolle ich war. Ich spiele ja oft die Rollen von Menschen, die selber nicht für ein Gespräch zugänglich sind. Als ich das mit der Aufnahme zum ersten Mal ausprobiert habe, habe ich die Rolle eines Ehemannes gespielt, der seine Frau geschlagen hat. Sie ist danach nach Hause gegangen und hat ihm die Aufnahme der Heilungsarbeit vorgespielt, denn er hatte sich geweigert mitzukommen. Danach hat sie mich angerufen und war sehr berührt, sie hat gesagt: „Er hat sich die Aufnahme angehört und die ganze Zeit geweint, besonders als Sie seine Rolle gespielt haben." Dieses Feedback bekomme ich immer wieder.

Wie schaffen Sie es eigentlich immer wieder, Mitgefühl aufzubringen für Menschen, deren Verhalten anderen Menschen soviel Schmerz bereitet? Wenn Sie ständig diese Geschichten hören, wie halten Sie das aus?
Ich habe mal einen Workshop mit Frauen und ihren Vätern geleitet, die Frauen waren von diesen Vätern sexuell missbraucht worden. Und als einer dieser Väter anfing mit Sprüchen wie: „Du hast das doch gewollt ...", da habe ich gesagt: „Stopp, ich brauche eine Pause!". Ich habe den Raum verlassen, ich habe mir 20 Minuten für Selbstempathie gegeben, und dann bin ich wieder zurückgegangen. Manchmal brauche ich auch länger als 20 Minuten.

Was tue ich, wenn jemand Einfühlung möchte, ich aber keine geben will, sei es, weil ich gerade selber Einfühlung bräuchte oder weil ich müde und kraftlos bin?
Wer sagt denn, dass Sie Einfühlung geben *müssen*?

Ich habe das mal erlebt, da hat die Polizei eine junge Frau zu mir gebracht, es war Sonntagmorgen. Sie wollte zu mir, aber sie hat sich nicht getraut, bei mir anzurufen. Sie wusste genau, dass die Polizei sie zu mir bringen würde, wenn sie sich auf die Bahnschienen legen würde.

Ich habe sehr schnell gemerkt, dass ich in dem Moment nicht mit ihr sprechen wollte, weil ich Zeit für mich brauchte. Also habe ich zu dieser Frau gesagt: „Mir geht es im Moment selber nicht so gut, und ich brauche heute Ruhe und Zeit für mich. Wären Sie bereit, morgen wiederzukommen, damit wir miteinander reden können, und würden Sie sich bis dahin von den Bahngleisen fernhalten?" Sie hat mich mit großen Augen angeguckt und gesagt: „Okay."

Also habe ich es geschafft, diesen Sonntagvormittag für mich zu haben, aber ich habe mir fürchterliche Vorwürfe gemacht: „Wie konnte ich sie wegschicken, sie wollte sich umbringen! Nur weil ich Zeit für mich haben will ..." Der Gedanke hat mich noch Monate danach verfolgt: War es unverantwortlich, so zu handeln?

Am Neujahrstag fand ich eine Nachricht in meinem Briefkasten, das war ungefähr ein halbes Jahr nach meiner ersten Begegnung mit dieser jungen Frau. Die Nachricht war von ihr und sie bedankte sich für die Gespräche mit mir. Sie bedankte sich dafür, dass ich ihrem Schweigen, als sie am nächsten Tag wieder kam und Angst hatte zu reden, so lange zugehört habe, bis sie sich sicher genug gefühlt hat, von sich zu erzählen. Und dann schrieb sie: „Aber das größte Geschenk, dass Sie mir machen konnten, war, dass Sie mir bei unserem ersten Treffen die Chance gaben, etwas für Sie zu tun. Ich dachte immer, ich hätte nichts zu geben."

Ich erinnere mich: Bedürfnisse sind Geschenke. Wenn jemand aber in meinen Bedürfnissen kein Geschenk sieht, sondern eine Zurückweisung – Dann liegt es nicht daran, was Sie gesagt haben, sondern wie Ihr Gegenüber es aufnimmt.

Wenn diese junge Frau zu mir gesagt hätte: „War ja klar, keiner will was mit mir zu tun haben", wenn jemand meine Reaktion also missversteht, dann sage ich nicht: „Nein, das habe ich nicht gemeint", sondern: „Danke, dass du mir sagst, was bei dir angekommen ist." Und ich bin wirklich dankbar. Wenn mir jemand sagt, welche Botschaft er gehört hat, habe ich die Chance, sie zu korrigieren. Und dann kann ich ihm den Unterschied klarmachen zwischen dem, was seine blöden Wolfsohren gehört haben und dem, was ich versucht habe zu sagen. Ich würde natürlich niemals die Formulierung „blöde Wolfsohren" benutzen, sondern: „Könntest du mir sagen, wie ich dir meine Bedürfnisse so mitteilen kann, ohne dass es sich für dich so anhört, als würde ich nicht mit dir reden wollen?"

Ich finde es oft schwer, gewaltfrei die richtigen Worte zu finden. Ich finde, die klassische Gewaltfreie Kommunikation klingt manchmal etwas lehrbuchhaft. Vielen Menschen ist diese Art zu sprechen fremd, und sie reagieren schon allergisch auf das Wort „Bedürfnisse".

Ich habe mal eine Gruppe jugendlicher Straftäter in Gewaltfreier Kommunikation unterrichtet. Ich habe mich bei ihnen vorgestellt und gesagt, sie könnten von mir ein paar nützliche Kommunikationsstrategien lernen. Einer von ihnen meinte: „Kommunikationsstrategien? So'n Scheiß. Wenn ich einen Typen auf der Straße treffe und der hat 'ne Knarre, dann wollen Sie kommunizieren, oder was?" Also habe ich gefragt: „Hast du Angst, unter solchen Bedingungen mit jemandem Kontakt aufzunehmen, weil dein Bedürfnis nach Sicherheit nicht erfüllt ist?"

Er ist wütend aufgesprungen und hat mich angeschrien: „Ey Alter, ich hab' vor nichts Angst." Dieser junge Mann hat mir etwas über Gewaltfreie Kommunikation beigebracht: Wenn ich eine Verbindung herstellen will zu ihm, dann muss ich seine Sprache sprechen. Also habe ich es nochmals anders probiert: „Also, du willst mir klarmachen, dass Kommunikation etwas ziemlich Gefährliches sein kann, besonders in der Gegend, in der du lebst." Und er meinte: „Ganz genau." Ich habe eine Sprache gewählt, um mich mit seinen Gefühlen und Bedürfnissen zu verbinden, die er akzeptieren konnte. Ich muss also nicht unbedingt von Gefühlen und Bedürfnissen sprechen, ich wähle das Vokabular, das am besten funktioniert, denn es geht nicht um die Worte, sondern um die Verbindung.

Ich finde es immer wieder faszinierend, dass Sie in der Gewaltfreien Kommunikation zugleich auf politischer, sozialpädagogischer, psychologischer und therapeutischer Ebene arbeiten. Damit verbinden und vermischen Sie gleichzeitig Bereiche, für die in unserer Gesellschaft jeweils eigene Professionen zuständig sind.

Wie würden Sie sich an der Stelle eines Hilfesuchenden orientieren? An wen würden Sie sich konkret wenden?

Mir hat mal ein Journalist so eine ähnliche Frage gestellt. „Wie findet jemand Ihrer Meinung nach den Therapeuten, der ihm am besten helfen kann?" Wenn ich gewusst hätte, was für einen Ärger dieses Interview mir einbringen würde, hätte ich mich vielleicht etwas klarer ausgedrückt. Ich habe Folgendes gesagt: „Also, ich würde warten, bis es schneit und dann würde ich mich in einen Helikopter setzen, um zu sehen, wohin die meisten Spuren im Schnee führen. Ich glaube, die meisten Menschen merken sehr schnell, wer ihnen am besten zuhören kann und da gehen sie hin. Und Forschungen, in denen das Gesprächsverhalten von professionellen Therapeuten und unausgebildeten Gesprächspartnern untersucht wurde, haben ergeben, dass die Sitzungen mit den Nicht-Professionellen von Klienten als genauso befriedigend eingestuft wurden wie mit den Professionellen." Der Journalist meinte: „Na dann könnte ja jemand sagen, ihm geht es am besten, wenn er mit dem Barkeeper spricht." „Dann würde ich an seiner Stelle zu dem Barkeeper gehen", habe ich gesagt. In dem Artikel stand: „Dr. Rosenberg sagt: Barkeeper hilft genauso gut wie Therapeut."

Dafür wäre ich beinahe aus dem Psychologenverband ausgeschlossen worden.

Aber ich bin wirklich davon überzeugt, dass Heilungsprozesse in dem empathischen Kontakt zwischen zwei Menschen stattfinden. Martin Buber spricht davon, dass Heilung stattfindet, wenn zwei authentische menschliche Wesen eine authentische Begegnung haben, nicht wenn ein Professioneller mit einem Patienten arbeitet.

Man könnte auch sagen: Empathiefähigkeit ist nicht an die Profession gebunden, aber sie macht die Professionalität eines Therapeuten oder einer Therapeutin aus, denn Empathie ist – wenn ich Sie richtig verstehe – die Basis, auf der Heilung stattfinden kann.

In der christlichen Tradition heißt es: „Wo zwei oder drei in meinem Namen versammelt sind, dann bin ich mitten unter ihnen." Das ist etwas, was mir hilft, diese Heilungskraft zu verstehen, so wie ich sie immer wieder erlebe. Wenn ich mich mit dieser göttlichen Energie verbinde, kann ich sie durch mich hindurch fließen lassen und schwere Wunden heilen, schneller als ich es mir jemals hätte vorstellen können. Ich war schon so oft in Situationen, in denen ich dachte, hier sind Menschen so tief verletzt worden, die Wut ist so stark, Schmerzen so unermesslich, diese Wunden werden sich nie schließen.

Ich erlebe das immer wieder in der Versöhnungsarbeit. 1993 habe ich 20 Serben und 20 Kroaten zusammengebracht. Ich hatte Schwierigkeiten, überhaupt ein Land zu finden, das bereit war, diese Gruppe aufzunehmen, alle hatten Angst vor blutigen Auseinandersetzungen. Schließlich haben wir uns in Ungarn getroffen. Sowohl auf serbischer als auch auf kroatischer Seite waren Menschen, deren Familienangehörige von der anderen Seite umgebracht worden waren. Eine der kroatischen Frauen hatte das letzte Mal Kontakt mit Serben gehabt, als eine Gruppe von Männern in ihre Wohnung in Vukovar kam und ihren Bruder erschossen hat. Und sie kommt zu diesem Treffen und sieht 20 Serben. Die Serben hatten selber Ähnliches erlebt, und die ersten drei Tage waren die Hölle, ich habe mir gesagt: „Das ist total verrückt, was du hier machst. Wie sollen die Menschen diese Erfahrungen jemals hinter sich lassen und wieder aufeinander zugehen können?" Aber ich tat, was ich konnte, ich habe immer wieder ihre Aussagen von Wolfssprache in Gefühle und Bedürfnisse übersetzt, und wenn die eine Seite noch zu sehr gegen die andere aufgebracht war, dann habe ich ihnen Einfühlung gegeben, damit sie überhaupt zuhören konnten. So ging das immer hin und her. Nach vier Tagen begann sich die Stimmung zu entspannen. Einer der Männer schlug sogar vor, gemeinsam einen Gottesdienst zu besuchen, es hieß, dass in dem Ort ein Gottesdienst auf Serbokroatisch gehalten werden würde. Und die Gruppe fühlte sich so verbunden, dass sie beschlossen, alle gemeinsam dorthin zu gehen. Ich stand draußen und habe gewartet, weil ich nichts verstanden hätte. Nach 40 Minuten kam eine der serbischen Frauen rausgerannt und schrie: „Ich will hier weg, ich fahre nach Hause, ich hätte es doch gleich wissen müssen, dass die Kroaten nichts kapieren würden." Und dann kamen alle aus der Kirche und waren wütend, keiner hatte vorher gewusst, dass der Priester Kroate war, und der wiederum, nichtsahnend, dass Serben in dem Gottesdienst saßen, hatte sich in seiner Predigt verächtlich über das serbische Volk geäußert. Das Vertrauen, das wir mühsam über diese vier Tage aufgebaut hatten, war durch einen einzigen Satz zerstört worden. Aber ich habe es geschafft, alle zu überreden, sich noch mal zusammenzusetzen, um uns mit all diesen Gefühlen auseinander zusetzen und damit, welche Macht dieser Satz hatte. Zum Glück hatten wir noch drei Tage, um wieder zusammen zu kommen. Die Leute aus der Gruppe haben bis heute Kontakt, sie unterstützen sich gegenseitig bei ihrer Arbeit in Friedensprojekten und haben das Training schon an Tausende in Serbien und Kroatien weitergegeben. Ich hätte das am Anfang nicht für möglich gehalten, die Abgründe des Konfliktes waren so tief.

Wenn ich in solchen Kontexten Einfühlung gebe, erzählt mein Verstand: „Vergiss es, das wird sich niemals lösen", aber wenn ich einfach alles tue, was in meiner Macht steht, um die Verbindung zwischen den beiden Parteien aufzubauen, dann passiert es irgendwann: Es ist wie ein Wunder.

Ich bin es nicht, der das tut, ich kann diese Wunden nicht heilen. Was kann ein Einzelner denn schon tun, um all diesen Schmerz zu lindern? Aber das Gute ist, dass wir selber gar nichts tun müssen. Wenn wir empathisch verbunden sind, fließt die göttliche Energie durch uns hindurch und tut es.

Ich glaube wir alle haben diese Kraft in uns, sie ist einfach da. Wir sind nicht immer damit verbunden, der Zugang ist oft verstellt. Ich helfe Leuten, sich mit dieser Kraft zu verbinden, indem ich sie auffordere, sich an eine Situation zu erinnern, in der sie den Wunsch hatten, das Leben einer anderen Person zu bereichern. Eine Situation, in der das allein die Motivation für ihr Handeln war, nicht um eine Belohnung zu bekommen, nicht um ein Danke zu hören, nicht um Liebe zu bekommen.

Wie fühlt man sich dann? Wir alle kennen das Gefühl.

Und das Erstaunliche ist, dass ich mich tatsächlich, wenn ich will, in jedem Moment damit verbinden kann.

Sie sprechen von der göttlichen Energie – was bedeutet das für Sie? Glauben Sie an Gott?

Ich würde nicht sagen, dass ich an irgendetwas glaube, ich erfahre es. Was soll das sonst sein, was ich in der Heilungs- oder Versöhnungsarbeit erlebe? Ich glaube nicht daran, ich sehe es jeden Tag, ich erfahre diese göttliche Energie, die Menschen verbinden kann. Ich glaube auch nicht an Elektrizität, aber ich weiß, was passiert, wenn ich den Lichtschalter betätige, ich kann das Licht sehen und die Verbindungskabel. Es muss also irgendwo herkommen.

Dann ist die Gewaltfreie Kommunikation also viel mehr als nur eine Methode, um Konflikte zu bearbeiten?
Ja, die Gewaltfreie Kommunikation ist eine Methode, um uns mit der göttlichen Energie zu verbinden. Es gibt noch ein Bild, das ich manchmal verwende, um zu illustrieren, welche Rolle die Gewaltfreie Kommunikation bei dieser Verbindung spielt: Wenn man Skifahren geht, dann gibt es bei den Anfängerhügeln oft so einen Skilift, der nur aus einem rotierenden dicken Stahlseil besteht. Man kann sich daran festhalten und wird dann den Hang hochgezogen. Man muss das Seil am Anfang ganz locker durch die Hand gleiten lassen und es dann festhalten, sonst fliegt man raus. Als ich das zum ersten Mal probiert habe, fand ich das furchtbar schwer, außerdem hatte ich bereits nach dem ersten Tag durch die Reibung des Stahlseils mein neues Paar Handschuhe ruiniert.

Und dann habe ich kapiert, dass es so einen Metallbügel zu kaufen gab, ein ganz einfaches Ding, mit dem man sich in das Seil einhaken konnte. Es hat nur einen Dollar gekostet und plötzlich war die Sache kinderleicht. Das ist Gewaltfreie Kommunikation für mich, so ein einfaches Ding wie dieser Metallbügel. Das Teil selbst ist nichts, aber es verbindet uns mit der Energie. Man muss ein bisschen rumprobieren, bis man weiß, wie es funktioniert, und dann ist es ganz leicht.

Im Herzen des Feindes

„Jenseits von Richtig und Falsch liegt ein Ort ..."

Sie haben gesagt, dass Sie viele Jahre Ihres Lebens Wut und Ärger mit sich herumgetragen haben und auch gewalttätig waren –
Ja, es gibt viele Beispiele in meiner eigenen Biografie. Weil ich mich früher selber mit anderen geprügelt habe, fällt es mir leicht, mich in Menschen hineinzuversetzen, die gewalttätig sind.

Was haben Sie denn gemacht?

Das letzte Mal, dass ich jemanden geschlagen habe, war im College. Dafür bin ich fast exmatrikuliert worden. Ich wollte in eine der Studentenverbindungen aufgenommen werden. Man muss dazu wissen, dass Studentenverbindungen in den USA hoch angesehene elitäre Clubs sind, in denen viele Studenten Mitglied sein möchten. Da bewarben sich 50 Studenten, und nur fünf wurden aufgenommen. An dem Tag bevor wir uns da vorstellen sollten, erzählt mir mein bester Freund, dass einer der älteren Studenten, der ein einflussreiches Mitglied der Verbindung war, gesagt hätte, Juden könnten nicht in die Studentenverbindungen aufgenommen werden. Genau dieser ältere Student hatte das Pech, im Studentenwohnheim das Zimmer neben mir zu bewohnen. Eines Abends hatte er seine Stereoanlage ziemlich aufgedreht, während ich am Schreibtisch saß. Ich ging rüber zu ihm, habe ihm – nicht besonders gewaltfrei – gesagt, dass er verdammt noch mal die Musik leiser drehen soll und dann, ich weiß gar nicht mehr, ob er noch irgendwas gesagt hat, jedenfalls hab ich ihn zusammengeschlagen. Ich habe keine Probleme nachzuvollziehen, wie jemand sich fühlt, der einen anderen schlägt oder umbringen will.

Es war vielleicht nicht die beste Strategie, ihn zusammenzuschlagen. Aber immerhin waren die Äußerungen dieses Mitstudenten antisemitisch.

Ja, wir nennen einen Menschen antisemitisch oder rassistisch, aber was haben wir davon? Dann bewegen wir uns doch in den gleichen Denkmustern wie er. Wenn ich heute über diesen Mann nachdenke, dann sehe ich ihn als Mitglied einer bestimmten Gesellschaftsschicht, in der er eine entsprechende sozio-kulturelle Prägung bekommen hat. Deshalb ist er noch lange nicht böse. Ich würde ihn nie als Rassisten oder Antisemiten bezeichnen, weil ich dann den Menschen aus den Augen verliere und ihn in eine Schublade stecke. Die Ironie an der Sache ist ja, dass ich dann mit ihm in dem Moment genau das mache, was er mit Leuten macht, die jüdisch sind.

Ist es nicht wichtig, bei Diskriminierung oder Ungerechtigkeit eine entschiedene Position einzunehmen?

Nehmen wir mal als Beispiel die Frauenbewegung. Sie war erfolgreich, weil sie die Ungleichheit zwischen Männern und Frauen klar benannt und Forderungen gestellt hat.

Und genau damit hat sie einen Teil ihres Potenzials verschenkt. Die Frauenbewegung hat sich intern zerrieben. Die Frauen, die gegen Männer mobil machten, haben sich gegen die Frauen gestellt, die die Männer nicht einfach als unverbesserliche Arschlöcher abstempeln wollten. Die Lager waren gespalten in diejenigen, die gesehen haben, dass die Männer Produkte unserer Erziehung sind, so wie die Frauen auch, und diejenigen, die hauptsächlich wütend waren. Wut signalisiert uns zwar: Da kommt ein wichtiges Bedürfnis zu kurz. Zum anderen ist Wut ein untrügliches Signal dafür, dass wir mit dieser Art von Denken auf dem besten Wege sind, unser Bedürfnis nicht erfüllt zu bekommen.

Aber das ist ein Phänomen bei fast allen politischen Bewegungen. Es gibt die Anti-Leute, die fühlen sich gut in der Wir-Gruppe, demonstrieren gerne gegen die andere Seite und nennen ihre Gegner Schweine.

Und es gibt die andern, die auf gewaltfreie Weise die Strukturen ändern wollen, und deren Engagement halte ich für sehr viel erfolgreicher.

Aber was ist mit Situationen, in denen es keine andere Wahl gibt als Gewalt anzuwenden? Ich meine, würden Sie zusehen, wenn in einem totalitären Staat soziale, ethnische oder politische Unterdrückung stattfindet, und nichts tun?

Wenn es darum geht, entweder mit Gewalt zu reagieren oder gar nichts zu tun, dann würde ich es halten wie Gandhi, der gesagt hat: Sollte ich jemals nur zwei Alternativen sehen: Passivität oder Gewalt, dann würde ich Gewalt wählen. Sich zurücklehnen und einer Regierung zuzusehen, die verbrecherisch ist, das trägt bestimmt mehr zur Gewalt bei als Gegengewalt auszuüben. Oder mindestens genauso viel. Tatenlos darf man nicht bleiben – nicht bei einem, der schwere Verbrechen begeht, so wie Hitler. Aber auch nicht bei einem Krieg, wie Bush ihn angezettelt hat.

Das kann wiederum als Ausrede für alles benutzt werden. Auch Bush, den Sie ja kritisieren, würde sagen: Wie gerne würden wir keine Gewalt anwenden, aber wir können unmöglich tatenlos zusehen, wie Terroristen die Welt in Angst und Schrecken versetzen.

Gandhi hat gesagt, dass Gewaltanwendung für ihn der letzte Ausweg ist, wenn wir wirklich nur diese zwei Alternativen sehen: dem Terror zusehen oder einschreiten. Doch er war davon überzeugt, dass es andere Herangehensweisen gibt, die sehr viel wirkungsvoller sind. Es gibt einen dritten Weg, der machtvoller ist und mit dem man mehr erreicht als mit den beiden ersten Optionen. Gandhi sah es ungern, wenn man ihm nachsagte, er predige die absolute Gewaltfreiheit. Wussten Sie, das dass Wort Gewaltfreiheit gar nicht seine Erfindung war? Man wusste einfach nicht, wie man seine Worte „Ahimsa" und „Satyagraha"[10] übersetzen sollte. Als Gandhis Ideen im Westen populär wurden, war plötzlich von Gewaltfreiheit die Rede, weil keinem eine stimmige Formulierung für diese wundervollen Worte eingefallen ist. Gandhi meinte damit die Macht, die anfängt zu wachsen, wenn Menschen sich umeinander sorgen. Er hatte die gleiche Vision, die Rumi[11] in seinem Gedicht beschreibt: „Jenseits von Richtig und Falsch liegt ein Ort, dort treffen wir uns." Genau diesen Ort hat Gandhi gemeint, weil er wusste, dass wir stärker sind, wenn wir von diesem Ort kommen. Er hat immer gesagt: Ich bin machthungrig, ich möchte Dinge ändern. Aber für ihn gab es keine bösen Menschen. Er hat daran geglaubt, dass der Wandel in dem Moment beginnt, in dem wir die Schönheit dieser Vision sehen können.

Gibt es Ihrer Meinung nach so etwas wie einen gerechten Krieg?

Nein. Wenn ich die militärischen Interventionen der USA kritisiere, dann sagen viele: „Was hätten *Sie* denn getan, als Pearl Harbour bombardiert wurde?" Ich sage dann: „Wenn's so weit gekommen ist, dann sind die Möglichkeiten tatsächlich ziemlich limitiert, aber wie wär's mit einer anderen Politik zwei Jahre vor der Bombardierung?!"

Als ich Konflikttraining mit der israelischen Polizei gemacht habe, haben die Polizisten mich gefragt: „Was haben wir denn noch für Alternativen, wenn jemand auf uns schießt?" Ich habe vorgeschlagen: „Lassen Sie uns mal die letzten fünf Male anschauen, in denen jemand auf Sie geschossen hat. Hat die Person in allen fünf Situationen bereits geschossen, als Sie am Ort des Geschehens ankamen?“ Nein, nicht in einer der fünf Situationen. Jedes Mal hatte ein Wortwechsel stattgefunden, bevor es zur Schießerei kam. Die Polizisten haben dann den Wortwechsel für mich rekonstruiert, und als ich hörte, was da so gesagt wurde, war es für mich überhaupt kein Wunder, dass es zur Schießerei gekommen war. Was ich damit sagen will: An dem Punkt, an dem bombardiert wird, gibt es nicht mehr viele Optionen, obwohl ich glaube, dass es selbst damals, als Pearl Harbour bombardiert wurde, Möglichkeiten gegeben hätte, Tausende von Leben zu retten, wenn man andere Formen der Verhandlung gewählt hätte.

Nach solchen Alternativen wird meistens gar nicht gesucht, weil eine Grundüberzeugung im Wege steht, die da lautet: Es gibt böse Menschen, und wir sind die Guten, die die Welt vom Bösen erretten. Nach diesem Schema haben die Vereinigten Staaten bisher alle Konflikte erklärt, in die sie sich eingemischt haben. Sie nennen das humanitäre Intervention, ich nenne es Wolfslogik. Die gleiche Ideologie transportiert auch der Treueschwur auf die amerikanische Flagge, den ich als Schulkind jeden Tag – mit der Hand auf dem Herzen – aufgesagt habe. Ich war immer so stolz darauf, Amerikaner zu sein und zu den Guten zu gehören. Heutzutage ist es nicht mehr so sehr die Schule, die diese Gehirnwäsche besorgt, sondern die Medien. Was vor achtzig Jahren die Kirche, die Schule und die Familie geleistet haben, das macht das Fernsehen jetzt viel subtiler. Vor allem ist der Einfluss insgesamt heute viel massiver. Die Kids von heute gehen vielleicht nicht mehr in die Kirche, aber sie gehen in die Schule *und* dann schauen sie zusätzlich – so belegt eine amerikanische Studie – noch durchschnittlich fünf Stunden am Tag fern.[12] Und was sie da lernen ist: wenn die guten Mächte die bösen Mächte besiegen, das ist das höchste der Gefühle. Dann ist die Welt, in der wir leben, eine gute Welt. Bis sie Teenager sind, haben Jugendliche in den Vereinigten Staaten in der Regel 30 000 Kämpfe und Morde gesehen, die von den „Guten“ ausgeführt werden. Was macht das mit dem Bewusstsein junger Menschen?

Wenn ich Sie richtig verstanden habe, reproduziert unser moralisches Wertesystem Gewalt, indem es sie bekämpft. Es gibt also einen Zusammenhang zwischen dem, was Kinder über den guten Helden lernen, der das Böse besiegt, und der Tatsache, dass Kinder von ihren Eltern geschlagen werden.

Ja, und mir machen nicht die einzelnen Menschen Angst, sondern gesellschaftliche Strukturen, die Indoktrination, die dieses Denken von den Guten und den Bösen hervorbringt. Ich meine, 80 Prozent der Amerikaner sind für die Prügelstrafe bei Kindern. Genauso viele befürworten die Todesstrafe.

Die Frage ist demnach also, ob es überhaupt sinnvoll ist, von Gut und Böse zu sprechen.

Ich denke, es wäre angemessener und wahrhaftiger, wenn wir diese statischen Termini nicht benutzen würden, sondern eine Sprache des Lebens. Wenn ich zum Beispiel über einen Elternteil, das sein Kind schlägt, sage, dass der Vater oder die Mutter „böse" ist und etwas Falsches und Schlechtes macht, dann habe ich einfach keine sehr effektive Form gefunden, das zu kommunizieren, worum es mir geht. Also sage ich lieber: „Ich mache mir Sorgen darüber, was es mit Ihrem Kind macht, wenn Sie so mit ihm umgehen. Ich will nicht, dass dem Kind etwas passiert, ich will, dass es sicher ist. Deshalb möchte ich, dass Sie einen anderen Weg finden, Ihr Kind zu erziehen." Ich versuche, einfach ehrlich gegenüber demjenigen zu sein, der sich so verhält, aber ich verurteile ihn nicht. Wenn ich sage, dass mich das unglücklich macht, wenn ich sehe, wie jemand sein Kind schlägt, dann bewerte ich sein Verhalten, aber ich tue es in Bezug auf meine Bedürfnisse. Das meine ich mit „Sprache des Lebens". Ich sage ja nicht: „Macht doch, was ihr wollt." Leider verstehen genau das viele Leute, und es bringt sie furchtbar gegen mich auf. Die heftigste Aggression, die ich je gegen mich erlebt habe, kam nicht etwa von Leuten in Ruanda oder Palästina, sondern von Eltern und Lehrern in den USA, denen ich Alternativen zum Bestrafen von Kindern vorgeschlagen habe. Ich dachte, gleich steinigen sie mich. In deren Ohren habe ich Anarchie gepredigt, und sie haben entsprechend reagiert: „Leute wie Sie sind doch schuld an den ganzen Problemen. Es gibt nur deshalb so viel Kriminalität, weil jeder denkt, er kann machen, was er will. Ihre Ideen sind gefährlich." Und sie sagen das, weil *sie* mich sagen hören: „Es ist okay zu töten, es ist okay zu vergewaltigen, lasst uns niemanden bestrafen, sondern jeden einfach gewähren."

Was ich sagen will: Viele der Menschen, die wir gemein oder böse nennen, die finden keinen anderen Weg, mit ihren Bedürfnisse umzugehen. Wenn jemand sein Kind disziplinieren will, indem er es schlägt, denkt er, er müsse das tun. Viele sagen zum Beispiel, sie wollten doch nur, dass ihr Kind ihnen endlich mal zuhört und dass aus ihrem Kind mal ein ordentlicher Mensch wird. Verstehen Sie? Für die ist das wie ein „humanitärer Eingriff". Egal wie Menschen es ausdrücken, böse sind sie alle nicht. Wenn ich den Menschen, die so denken und kommunizieren unbedingt einen Stempel aufdrücken wollte, dann würde ich sagen, sie sind in evolutionärer Hinsicht unterentwickelt. Sie haben ihr Potenzial als menschliche Wesen noch nicht voll entfaltet und wissen nicht, wie sie ihre Bedürfnisse erfolgreich und sinnvoll erfüllen können. Sie können es nur auf Kosten der Bedürfnisse anderer tun, und das ist letztendlich für alle Beteiligten unbefriedigend. Aber es gibt immer gute Gründe dafür, weshalb Menschen destruktive Dinge tun.

Es gibt immer gute Gründe? Auch für jemanden wie – nehmen mal wir ein extremes Beispiel – Hitler?
Als ich diese Arbeit der Gewaltfreien Kommunikation begonnen habe, wusste ich, ich würde dieser Arbeit nicht trauen können, wenn sich ihre Grundsätze nicht auch auf Hitler anwenden ließen. Ich dachte, die Methode ist nur etwas wert, wenn ich auch für Hitler Verständnis und Empathie würde aufbringen können. Deshalb habe ich alles über Hitler gelesen, was ich finden konnte. Ich wollte verstehen, was in diesem Mann vorging. Ich bin ihm dabei sehr nahe gekommen, und inzwischen habe ich fast den Eindruck, ich kenne ihn. Ich kann sehen, dass er ein Mensch war. Und das war letztlich gar nicht so schwierig. Ich wundere mich nicht, dass er so geworden ist, wenn ich mir das Umfeld anschaue, in dem er groß geworden ist. Die Indoktrination, mit der er aufgewachsen ist und die, mit der ich aufgewachsen bin, liegen übrigens gar nicht so weit voneinander weg. Hitler hat gelernt, dass Juden schlechte Menschen sind, und mir ist

eingeimpft worden, dass die meisten Menschen um mich herum keine Juden mögen und deshalb schlechte Menschen sind. Und deshalb waren Nicht-Juden grundsätzlich böse. Mit anderen Worten: Mir wurde eine ähnliche Denkweise vermittelt wie Hitler – der Unterschied lag nur in der Identifikation der Bösen.

Selbst wenn man in der Denkweise Parallelen finden mag, dann gab es doch auf jeden Fall einen gravierenden Unterschied im Handeln –
Aus seiner Sicht hat Hitler überhaupt nichts Schlimmes getan, sondern er hat heldenhaft dafür gesorgt, dass die Welt von „Ungeziefer" befreit wird. Auch die Amerikaner haben sich bei militärischen Interventionen einer Sprache bedient, die – ähnlich wie die der Nazis – entmenschlichend ist. Sie haben zwar nie von „Ungeziefer" gesprochen, so wie Hitler, der die Juden als „Ungeziefer" bezeichnet hat. Aber Robert Lifton, ein Psychologe an der Yale University, hat das US-Militär unter die Lupe genommen und untersucht, wie die Männer etwa darauf vorbereitet wurden, Orte in Vietnam zu bombardieren. Er zeigt, wie die Militäroffiziere gegenüber den Rekruten nie von Menschen gesprochen haben, sondern immer von „den Schlitzaugen". Und dann zeigt Lifton, wie die US-Armee inzwischen technisch so ausgefeilt geworden ist, dass sie gar nicht mehr von „Schlitzaugen" oder so etwas sprechen müssen, sondern einfach Kommandos wie dieses geben können: „Männer, unser Ziel heute ist es, die kleinen Punkte auf dem südwestlichen Abschnitt des Radarschirms zu eliminieren!" Hier wird also nicht einmal mehr von „Ungeziefer" gesprochen, sondern von Punkten auf einem Bildschirm. Das heißt, hier ist die Verwandlung von Menschen in Dinge noch weiter fortgeschritten, und es fällt noch viel leichter, sie zu vernichten.

Die Strategie der Nazis und die der Amerikaner nebeneinander zu stellen, finde ich nicht unproblematisch, weil Vergleiche wie der zwischen Bush und Hitler oft herangezogen werden, um die Verbrechen der Nazis zu relativieren und zu verharmlosen.

Ich denke, für Sie als Jude und Amerikaner gelten für dieses Thema andere Spielregeln. Wenn Sie das als deutscher Politiker sagen würden, da wären sie schnell ihren Job los. Für Deutsche ist das eins der explosivsten Themen, die es gibt.

Ich weiß, wie schwer das für die Deutschen ist. Seit ich auch in Deutschland arbeite, bin ich immer wieder mit den massiven Schuldgefühlen der Deutschen konfrontiert worden. In jedem Workshop kommt dieser Schmerz zur Sprache, den so viele Menschen spüren, in deren Familien Nazis waren. Und ich muss mir jedes Mal auf die Zunge beißen, um nicht zu sagen: „Aber warum fühlt Ihr Euch denn dafür schuldig?! Ihr wart doch nicht mal dabei!" Aber es reicht, dass ihre Vorfahren dabei waren. Es reicht ihnen oft sogar, dass sie Deutsche sind, um sich schuldig zu fühlen.

Gibt es nicht auch eine Art von historischer Schuld?
Ich wünschte die Deutschen könnten das, was passiert ist, betrauern. Aber Schuld? Wissen Sie, Schuldgefühle führen dazu, dass die Menschen denken, sie seien nicht in Ordnung so, wie sie sind – und das hilft niemandem. Aber ich wünschte, sie könnten Traurigkeit spüren, Traurigkeit und Trauer über das, was sie, bzw. ihre Vorfahren, getan haben.

Das erinnert an Margarete und Alexander Mitscherlichs These von der „Unfähigkeit zu trauern".
Ja, und wo hätten die Menschen es denn lernen sollen? Die Kirche bringt einem schließlich bei, dass Sünden bestraft werden – mit ewigen Höllenqualen oder einem schlechten Gewissen. Jahrhunderte lang haben sie dafür gesorgt, dass die Menschen sich sündig und schuldig fühlen. Wie soll man denn da trauern? Schuld und Sühne sind meilenweit entfernt von Trauer. Um zu trauern, bedarf es einer echten Liebe zum Leben. Man empfindet tiefe Traurigkeit darüber, dass man mit dem, was man getan hat, nicht zum Leben beigetragen hat. Wenn du mit dieser göttlichen lebensbejahenden Energie verbunden bist, aber nicht in ihrem Sinne handelst, dann ruft dein Handeln Schmerz hervor. Dafür wirst du dich aber nicht hassen, sondern du wirst trauern: „Wie traurig! Ich bin so traurig! Ich hätte so gerne anders gehandelt", nicht: Ich hätte anders handeln sollen. Trauer und Schuld unterscheiden sich voneinander wie Tag und Nacht.

Ich schätze, bevor das möglich ist, brauchen die Deutschen noch viel Empathie.

Ja, da ist immer noch soviel Schmerz. Darüber was passiert ist, aber auch darüber, dass die Deutschen immer wieder als Täter gesehen werden und nicht als ein Volk, das Leben und Schönheit hervorbringt. Ich habe schon so viel Empathie gegeben für diese unendlichen Scham- und Schuldgefühle, die auf so vielen deutschen Menschen lasten.

Wie hört sich das an?
„Du hast dein Leben lang mit diesen furchtbaren Bildern gelebt, und du kämpfst immer wieder mit der Verzweiflung darüber, dass so etwas in deinem Land passieren konnte?"

Ich versetze mich mal in diese Person, was mir nicht schwer fällt. Ich würde daraufhin sagen: „Ja. Das schlimmste ist, dass es nicht einfach nur in diesem Land passiert ist, sondern dass es Deutsche waren, die es getan haben und andere, die es geduldet haben."
„Wenn du siehst, was Menschen in deinem Land getan haben und wenn du siehst, was für ein unermessliches Leid dadurch entstanden ist, dann würdest du dir einfach so sehr wünschen, dass sie andere Wege gefunden hätten, um das bekommen, was sie wollten und brauchten."

„Ja. Und da wir aber diese Geschichte haben, müssen wir mit der Verantwortung leben."
„Ja. Dir ist es wichtig, zu sehen, dass die Deutschen Verantwortung übernehmen angesichts dessen, was in ihrem Land passiert ist, und du willst dich auf keinen Fall in irgendeiner Weise dieser Verantwortung entziehen."

„Ja. Und dann ist es unmöglich, Hitler mit anderen Staatsführern totalitärer Regime zu vergleichen. Das, was unter Hitler passiert ist, die Vernichtungsmaschinerie der Nazis, das ist einfach nicht vergleichbar."
„Du willst, dass ich deinen Schmerz verstehe. Das, was Hitler fähig war zu tun, ist für dich jenseits des Vorstellbaren, es ist einfach so furchtbar. Allein, sich das vorzustellen, ist schon ein Alptraum. Und zu wissen, dass der Holocaust tatsächlich stattgefunden hat in diesem Land, löst bei dir einen Schmerz aus, der kaum auszuhalten ist."

„Ja, genau."

Ich kann deutlich spüren, dass es genau dieser Schmerz ist, der – eben weil er so unerträglich ist – für viele Deutsche das Thema Nationalsozialismus und Shoa in dieser unlösbaren Verstrickung gefangen hält und ein Trauern unmöglich macht. Sodass die einen – mal grob vereinfacht – sagen, lasst uns endlich mit diesem Thema in Ruhe, wir wollen uns nicht ewig schuldig fühlen, und die anderen: Wir dürfen keinen Moment vergessen, was wir Deutschen getan haben, und wir müssen aufpassen, dass es nicht wieder passiert. Und die meisten haben wahrscheinlich beide Stimmen in sich.

Ja und ich kann das gut nachvollziehen. Ich habe unendlich viel Empathie gebraucht, um mich diesem Thema überhaupt zu nähern und um selber zuhören zu können, wenn Menschen über ihre Schmerzen sprechen, die sie in Verbindung damit haben. Aber bevor wir das nicht können – einander empathisch zuhören, egal was der andere getan hat –, bin ich nicht sicher, ob wir verhindern können, dass es wieder passiert. Und es bringt nichts, Hitler zu pathologisieren; es geht gar nicht nur um Hitler, ich wünschte, es wäre so einfach, denn er hat Millionen von Menschen erreicht, mit dem, was er gesagt und getan hat. Und Gewalt, Krieg und Vernichtung passieren immer noch, täglich, auf völlig andere Weise und mit anderen Mitteln, aber es macht mir unglaublich Angst. Wenn wir wirklich etwas an der Fortsetzung von Gewalt in der Welt ändern wollen, dann kommen wir nicht umhin, auch den Tätern Einfühlung zu geben dafür, was in ihnen lebendig war, als sie das taten, was sie getan haben. Ich glaube wirklich, dass wir erst dann fähig sein werden, erfolgreich Frieden zu schaffen.

Aber das ist ein langer, oft schwieriger Prozess. Das habe ich während des ersten Golfkriegs am eigenen Leib erfahren. Als Saddam Hussein gerade Israel bombardierte, leitete ich dort einen Workshop. Alle redeten die ganze Zeit davon, was für ein Monster Hussein sei, und ich wollte, dass sie damit aufhören, weil das keine Lösung ist. Ich dachte, es wäre eine gute Idee, ihnen eine Übung vorzuschlagen, in der wir Saddam Hussein Empathie geben. Aber ich hatte einen schlechten Zeitpunkt erwischt. Die Angst war einfach zu groß. Einer der Teilnehmer, ein liebenswerter und einflussreicher Mann, der für mich ein wichtiger Kontakt war und sich bis dahin immer vor Ort für meine Arbeit eingesetzt hatte, war vollkommen entsetzt über meinen Vorschlag, und es dauerte ein Jahr, bis ich unser Verhältnis wieder bereinigen konnte, und das ging erst, als ich ihm die Empathie gegeben hatte, die er brauchte. Und er brauchte viel Empathie. Da habe ich wirklich etwas dazugelernt. Seitdem betone ich immer: Erst Einfühlung, dann Belehrung! Bevor ein Mensch nicht die Empathie bekommt, die er braucht, besonders dann, wenn er Angst hat oder verletzt worden ist, ist er nicht bereit, sich in seinen Gegner einzufühlen.

Gibt es – gerade in politischen Kontexten – nicht auch manchmal Schwierigkeiten, überhaupt an die Leute heranzukommen? Was machen Sie, wenn Menschen oder Gruppen gar nicht mit Ihnen reden wollen? Was würden Sie zum Beispiel tun, wenn Sie mit einer deutschen Neonazi-Kameradschaft arbeiten wollten und die aber sagen: Mit dem Juden reden wir nicht.

Wenn jemand nicht mit mir reden will, dann arbeite ich daran, Zugang zu ihm zu bekommen. Egal, was jemand für eine Ideologie vertritt, wir haben alle die gleichen Bedürfnisse. Zum Beispiel das Bedürfnis, verstanden zu werden. Neonazi-Kameradschaften sind ja deshalb so machtvoll, weil sich die Mitglieder gegenseitig Empathie für ihre Wut geben und sie einen Ort angeboten bekommen, an dem ihr Schmerz verstanden wird. In diesem Bedürfnis sind wir alle gleich. Unterschiedlich sind nur unser Denken und die Strategien, mit denen wir gelernt haben, unsere Bedürfnisse zu erfüllen. Wenn ich mit Gruppen zu tun habe, zu denen ich schwer Zugang bekomme – und das passiert mir sehr oft, und es sind nicht nur Rechtsextreme –, dann suche ich nach Einzelnen, die ein bisschen offener sind. Es gibt immer, in jeder noch so extremistischen Gruppe, Menschen, die man erreichen kann. Und wenn ich zu diesen Einzelnen einen Draht bekomme, und wenn sie merken, dass das, was ich anbiete, ihnen etwas bringt, dann helfen sie mir, Kontakt zum Rest der Gruppe herzustellen.

Ich gebe Ihnen ein Beispiel: Als ich mal in einer Kirchengemeinde in einem Schwarzenviertel in St.Louis die Gewaltfreie Kommunikation vorgestellt habe, da tauchte plötzlich der Anführer einer schwarzen Gang aus diesem Viertel auf. Er platzte einfach mitten in den Workshop rein. Er musste mitbekommen haben, dass ein Weißer in seinem Revier aufgetaucht war und wollte sich das mal angucken. Er setzte sich, ohne zu fragen, dazu und starrte mich die ganze Zeit an. Und irgendwann sagte er dann: „Weißt du, wie du den Schwarzen hier in der Gegend helfen kannst? Gib ihnen dein Geld, damit sie sich Knarren kaufen und Leute wie dich umlegen können." Das hat mich erstmal ein bisschen aus dem Konzept gebracht, und ich habe für einen Moment vergessen, was ich der Gruppe gerade gepredigt hatte. Ich habe gesagt: „Was haben Sie eigentlich hier zu suchen? Bitte lassen Sie uns in Ruhe arbeiten." Aber das hat ihn erst so richtig in Fahrt gebracht. Wir haben beide einen auf Wolf gemacht und das ging so eine Weile hin und her. Bis ich tief Luft geholt habe und versucht habe, empathisch zu hören, worum es ihm ging: „Sind Sie wütend darüber, dass ein Weißer einfach daherkommt und den Schwarzen erklären will, wie sie miteinander reden sollen? Wollen Sie, dass ich Ihre Art, mit Konflikten umzugehen, respektiere?" Da hat er mich völlig überrascht angeschaut und dann gesagt: „Sie haben es begriffen, Mann!" Und dann setzte er sich wieder hin und sagte nichts mehr. Als die Veranstaltung zu Ende war – es war inzwischen dunkel draußen –, ging ich zurück zu meinem Wagen und merkte plötzlich, dass er mir hinterherlief. Und da dachte ich: Oh, oh, jetzt ist Ärger angesagt. Ich fing an schneller zu gehen, aber je schneller ich lief, desto schneller kam er hinterher.

Und dann rief er: „Rosenberg!" – und ich dachte schon: Scheiße, was mache ich jetzt? Ich habe mich umgedreht: „Was ist?!" „Hast Du 'ne Karre?! Nimm mich'n Stück mit!" Also ist er in meinen Wagen gestiegen und sagte als Erstes: „Sag mal, was hast du eigentlich da drin mit mir gemacht?" „Was meinen Sie genau?", hab' ich ihn gefragt, aber es war klar: Er meinte genau den Punkt, an dem ich ihm Empathie gegeben hatte. Und dann sagte er etwas, das ich nie vergessen werde: „Dieses Zeugs, was du da machst, ich will wissen, wie das geht, damit ich es den Zulus beibringen kann." „Zulus 1200", das war der Name seiner Gang. „Wie bitte?" „Verstehst du nicht: Wir haben doch eh keine Chance gegen euch, selbst mit Waffen nicht, wir müssen uns was anderes einfallen lassen." In dem Moment habe ich sekundenschnell eine Entscheidung getroffen. Ich hab zu ihm gesagt: „Pass auf, wir machen einen Deal: Ich zeig' dir, wie du das Zeug den Zulus beibringen kannst, und du kommst am

Donnerstag mit nach Washington D.C. und hilfst mir, den Lehrern dort zu erklären, warum die schwarzen Kids die Schule anzünden." Da hat er gelacht und gesagt: „Hey Mann, ich hab' null Bildung." Da hab' ich zu ihm gesagt: „Also, ehrlich gesagt, wenn du von dem Wortwechsel, den wir vorhin in der Kirche hatten, schon soviel kapiert hast, dann hast du vielleicht keine Schulbildung, aber du hast eine Menge Wissen." Und dann ist er wirklich am Donnerstag mit mir nach Washington gefahren und hat den weißen Lehrern ganz wunderbar erklärt, warum die schwarzen Kids Widerstand leisten.

Er hat ihnen einfach erklärt, wie es ist, wenn man keinen Respekt von anderen bekommt. Und sie haben ihn ziemlich gut verstanden. Damals kannte er zwar den Prozess der Gewaltfreien Kommunikation noch nicht, aber auf seine Art hat er sich sehr verständlich gemacht. Das war zu einer Zeit, als es in den USA große Konflikte zwischen Schwarzen und Weißen gab. Die Regierung in Washington hat mich damals beauftragt, an vielen sozialen Brennpunkten in den Südstaaten Konflikte zu vermitteln, und ich bin immer mit ihm – sein Name ist Al Chapalle – und einigen andern von den „Zulus" hingefahren. Die haben dann mit den Schwarzen gearbeitet, während ich die Weißen in die Methode eingeführt habe, und dann haben wir beide Gruppen zusammengebracht. In den nächsten dreizehn Jahren haben wir sehr viel zusammen gearbeitet. Von ihm habe ich gelernt, wie man Gewaltfreie Kommunikation so übersetzt, dass Straßengangs sie akzeptieren. Es war schon ein Wunder, dass sich das so ergeben hat. Es ist nicht immer so einfach.

Ausgleich zwischen Tätern und Opfern

„Recht ist nicht gleich Gerechtigkeit."

Wenn ich Sie richtig verstanden habe, dann ist jede Handlung – und sei sie noch so furchtbar – aus einem legitimen, gesunden Bedürfnis heraus entstanden. Wie steht es in diesem Zusammenhang mit Menschen, die Kinder missbrauchen. Das Mildeste, was die meisten noch

über diese Menschen sagen, ist, dass sie krank sind. Wo entdecken Sie da das gesunde Bedürfnis?
Wenn ich in Gefängnissen arbeite, habe ich oft mit Menschen zu tun, die jemanden vergewaltigt haben. Ich frage diese Männer: „Warum haben Sie das getan, ich bin sicher, es gibt einen guten Grund dafür." Dann sagen die: „Wollen Sie mich verarschen oder was?" „Ich meine, dass du es nicht getan hättest, wenn es nicht deine Bedürfnisse erfüllt hätte. So wie jeder Mensch Dinge tut, um seine Bedürfnisse zu erfüllen. Deshalb möchte ich, dass du dir über deine Bedürfnisse bewusst wirst, denn ich bin sicher, dass wir dann andere Wege finden können, diese Bedürfnisse zu erfüllen, Wege, die effektiver sind und einen weniger hohen Preis haben." „Willst du damit sagen, dass es okay war, was ich getan habe?" „Nein, ich sage nicht, dass es richtig war, ich sage nicht, dass es falsch war, ich sage, dass du es nicht getan hättest, wenn es nicht deine Bedürfnisse erfüllt hätte. Bei allem, was wir Menschen tun, geht es um die Erfüllung unserer Bedürfnisse." Diese Männer haben natürlich kein Bedürfnis-Vokabular, Bedürfnisse kommen in ihrem Denken gar nicht vor. Sie haben sich ihr ganzes Leben für Abschaum gehalten und ihr Denken hat nur über Abwertung funktioniert.

Das heißt, wahrscheinlich hat es der Tat sogar Vorschub geleistet. Wenn jemand sich selbst als Dreck versteht, dann bestätigt die Tat im Grunde sein Selbstbild.
Genau. Das ist eine sich selbst erfüllende Prophezeiung. Das zeigt wie destruktiv diese abwertende Sprache ist.

Wenn ich mit Menschen zu tun habe, die mehr trinken, als ihr Körper verträgt und dann sogar noch Auto fahren, dann frage ich sie: „Können Sie mir sagen, welches Ihrer Bedürfnisse Sie dazu bringt, soviel Alkohol zu trinken?" Und die Antwort ist meistens: „Ich bin Alkoholiker." Das beantwortet meine Frage nicht. Ich glaube nicht, dass jemand trinkt, weil er Alkoholiker ist, sondern weil das Trinken ihm bestimmte Bedürfnisse erfüllt.

Das können bei jedem Menschen andere Bedürfnisse sein. Ich habe mit so vielen alkoholabhängigen Menschen gesprochen. Ein Grund, aus dem Menschen Alkohol trinken, hat auf jeden Fall etwas mit den Bedürfnissen nach Gemeinschaft und Zugehörigkeit zu tun.

Ein Mann, der abends um fünf oder sechs nach Hause kommt, Abendbrot isst und dann den Fernseher anschaltet, der kämpft den Rest des Abends mit Langeweile. Wenn der gleiche Mann auf dem Heimweg in eine Kneipe geht und eine Runde Bier ausgibt, dann fragen die anderen ihn zumindest mal nach seinem Namen, und jedes Mal, wenn er wieder da hingeht, dann gehört er zu dieser Gruppe dazu. Er kann da einfach sitzen und sagen: „Meine Frau ist eine blöde Schlampe", und dann sagen die andern um ihn herum: „Genau, Frauen sind Schlampen!" Es ist zwar nicht gerade das, was ich unter High-Quality-Einfühlung verstehe, aber der Mann fühlt sich auf eine Weise verstanden. Das Trinken von Alkohol ist in vielen Kulturen und Gruppierungen ein soziales Ritual, und es ist für manche Menschen die einzige Strategie, die sie kennen, um ihr Bedürfnis nach Gemeinschaft und Zugehörigkeit zu erfüllen. Außerdem gibt es viele Menschen, die Angst haben, sich zu zeigen. Wenn man genug trinkt, dann kann man endlich mal Dinge sagen, die man sonst nie sagen würde. Man kann zum Beispiel wütend werden und sagen „Unseren Chef, den würde ich am liebsten umbringen. Der hält sich doch für was ganz Besonderes." Tagsüber würde die gleiche Person wahrscheinlich sagen: „Ja, Chef! Natürlich, sofort, Chef!" Aber nach ein paar Gläschen Alkohol fühlt man sich befreit, und die inneren Wölfe, die sonst sagen: „Ich bin ein Versager, ich bin Alkoholiker, ich sollte aufhören zu trinken!", die kann man mit Alkohol wunderbar einschläfern.

Die inneren Wölfe, die einen selber fertig machen, schlafen vielleicht, aber dafür werden die Wölfe, die nach außen aggressiv sind, umso wacher. Und das kann ja auch gefährlich werden.

Ja, das stimmt. Und was auch immer diese Person dann tut, tut sie, um sich bestimmte Bedürfnisse zu erfüllen. Sonst würde sie es ja nicht tun. Deshalb ist unser Ansatz in der Gewaltfreien Kommunikation, den Menschen nicht einzureden, dass sie böse sind und bestraft gehören, sondern herauszufinden, um welcher Bedürfnisse willen sie etwas tun, und dann gemeinsam andere Wege zur Erfüllung dieser Bedürfnisse zu finden. Leider sitzen viele derjenigen, für die es so wichtig wäre, alternative Strategien zu finden, im Gefängnis, wo sie alles andere lernen, als sich mit ihren Bedürfnissen zu beschäftigen. Das Gefängnis zementiert nur die Vorstellung, dass sie böse sind. Im Staat Kalifornien werden 71 Prozent der Insassen rückfällig und kommen wieder ins Gefängnis. Es hat überhaupt keinen Zweck, Leute zu bestrafen. Das zeigen sämtliche Statistiken, seitdem es Gefängnisse gibt. Wir sind so überzeugt von diesem Denkmuster – gut und böse, Bestrafung und Belohnung – dass wir 40 000 Dollar ausgeben, um einen einzigen Menschen ein Jahr lang in einem US-Gefängnis unterzubringen.[13] Es gibt eine Untersuchung, die zwei Menschen vergleicht, die das gleiche Verbrechen begangen haben. Der eine war im Gefängnis, der andere nicht. Derjenige, der im Gefängnis war, ist viel rückfallgefährdeter als der andere. Der einzige Zweck von Haftanstalten ist es, dass die Bevölkerung sich gut damit fühlen kann, dass der Böse seine gerechte Strafe bekommt.

Glauben Sie, dass es keine Verbrechen mehr gäbe, wenn das Denken in Kategorien von Gut und Böse, Schuldig und Unschuldig, aufhören würde? Gibt es nicht immer Menschen, die verführbar sind?
Manche Menschen stehlen, manche töten. Manchmal tun Menschen Dinge, die überhaupt nicht im Einklang mit den Bedürfnissen anderer stehen. Deshalb brauchen wir in der Tat ein Rechtssystem, das uns schützt. Wie man das machen kann, ohne Menschen zu bestrafen? Walter Wink beschreibt in seinem Buch ein Naturvolk, die Negrito[14], und bei denen sieht das zum Beispiel so aus: Wenn jemand dort einem anderen Schaden zufügt, seine Hühner stiehlt oder das Haus des Nachbarn anzündet oder was auch immer, dann wird die Person, die das getan hat, in die Mitte eines Kreises gestellt, umringt von den Menschen, die diese Person kennen. Und sie verbringen einen ganzen Tag damit, dass jeder einzelne aus der Gruppe dieser Person erzählt, durch welche wundervollen Dinge, die sie getan hat, sein Leben bereichert wurde. Das müssen Sie sich mal vorstellen. Es geht hier um einen Verbrecher, und die erzählen ihm, was er an Schönheit in das Leben seiner Mitmenschen gebracht hat. Diese Rechtspraxis hat ein Menschenbild vor Augen, das aus der Vorstellung entstanden ist, dass es unserer menschlichen Natur entspricht, dass wir, wenn wir mit uns verbunden sind, nichts lieber tun als zum Wohlergehen anderer beizutragen.

Heißt das, die Person, die etwas verbrochen hat, wird von den anderen an ihre Menschlichkeit erinnert?
Ja! Wissen Sie, diese Kultur glaubt nicht, dass so jemand böse *ist*, sondern dass er etwas Böses tut, weil er die Verbindung zu seiner Menschlichkeit verloren hat, einfach jene Kraft in sich vergessen hat, mit der er Schönheit und Fülle in das Leben bringen kann. Warum sollte er sonst irgendetwas anderes tun? Warum sollte irgendjemand auf die Idee kommen, einem anderen Menschen Gewalt anzutun, wenn er wüsste, wie er das Leben für sich und andere bereichern könnte?

Ich vermute, dass man solche Kulturen selten findet?
Interessanterweise ist diese Art der Rechtspraxis gar nicht *so* selten. Es gibt Naturvölker in Kanada und im nördlichen Alaska, die haben ein Rechtssystem, das so funktioniert: Angenommen, ich stehle etwas von Ihnen, dann kommen Ihre und meine Familie zusammen und eine dritte Partei, die die Gemeinschaft, in der wir leben, repräsentiert. Und wir überlegen alle gemeinsam, wie es zu einer Versöhnung kommen kann. Niemand kommt ins Gefängnis, denn wie sollten sich die Menschen in der Gemeinschaft sicher fühlen, wenn der Bestrafte irgendwann aus dem Gefängnis entlassen wird?

Die Idee eines solchen Rechtssystems entspricht den Grundsätzen des so genannten Täter-Opfer-Ausgleichs[15], das ist ein alternatives Rechtsmodell, das mittlerweile immer häufiger auch innerhalb unserer traditionellen Rechtsprechung angewandt wird.

Wie viel Verantwortung hat bei diesem Modell die Gemeinschaft und wie viel der einzelne Mensch? Ist nicht jeder Mensch selbst dafür verantwortlich, eine gewaltlose und sozialverträgliche Form zu finden, um seine Bedürfnisse zu befriedigen?
Jeder ist verantwortlich für das, was er tut, um seine Bedürfnisse zu erfüllen. Das Modell des Täter-Opfer-Ausgleichs geht jedoch nicht von zwei, sondern von drei Parteien aus: das Opfer, der Verbrecher und die Gemeinschaft. Die Gemeinschaft ist verantwortlich dafür, nicht die Vorsorge getroffen zu haben, um das, was passiert ist, zu verhindern. Das heißt nicht, dass die Gesellschaft schuld ist, es heißt: Wenn wir den Verbrechern Alternativen hätten zeigen können, ihre Bedürfnisse zu erfüllen, dann wäre es vielleicht nicht so

weit gekommen. Trotzdem und gleichzeitig ist der Täter verantwortlich für seine Handlungen, unabhängig von seiner Erziehung und seinem Umfeld.

Das Grundprinzip des Täter-Opfer-Ausgleichs ist Versöhnung. Es geht darum, Harmonie und Sicherheit im Zusammenleben der Menschen wiederherzustellen. Studien zeigen, dass Täter, die durch ein Programm des Täter-Opfer-Ausgleichs gegangen sind, sehr viel seltener rückfällig werden. Wenn ich in Gefängnissen bin, dann arbeite ich oft mit diesem Modell. Und es ist dann erfolgreich, wenn beide Beteiligten es schaffen, der jeweils anderen Seite Einfühlung zu geben.

Zuerst gibt diejenige Person, die das Verbrechen begangen hat, der Person, der sie Schaden zugefügt hat, Einfühlung. Das ist der erste Schritt. Wenn ich zum Beispiel mit einer Frau arbeite, die von einem Mann vergewaltigt wurde, dann versuche ich mit ihr gemeinsam herauszufinden, was sie diesem Mann in einer Konfrontation sagen will. Das, was sie dann sagt, ist meistens alles andere als gewaltfrei: „Hast du irgendeine Ahnung davon, wie du mein Leben zerstört hast, du Schwein, du Schwein!?? Ich kann nicht mehr aus dem Haus gehen, ich habe ständig Angst, die Beziehung zu meinem Mann ist kaputt!" Bevor die beiden aufeinander treffen, führe ich ausführliche Gespräche mit dem Mann und übe mit ihm empathisches Zuhören. Aber egal, wie viel wir geübt haben, in dem Moment, wo er vor der Frau steht und hört, wie durch seine Tat ihr Leben zerstört wurde, fängt er sofort an, sich zu entschuldigen: „Es tut mir Leid." Dann sage ich: „Keine Entschuldigung, ich will Empathie, ich will, dass du hörst, was sie sagt. Sag ihr, was du gehört hast!" „Ich bin der letzte Dreck, ich hab' es nicht verdient zu leben." „Nein, das ist viel zu einfach. Ich will, dass du ihr wirklich zuhörst. Ich möchte, dass du dir ansiehst, was du getan hast; ich möchte, dass du ihr Leid ansiehst." „Das kannst du nicht mit mir machen, Mann, das kann ich nicht."

Ich gebe diesen Männern fast immer vorher Empathie, damit sie das überhaupt können. Und dann mache ich weiter: „Und jetzt will ich, dass du mir sagst, wie du dich fühlst." „Einen Scheißdreck bin ich wert." „Nein, du sollst dich nicht hassen, das ist zu einfach. Sag mir, was du innen drin fühlst."

Das bringt so gut wie jeden zum Heulen, wenn er das tut. Wenn er wirklich an seine Gefühle kommt, dann stößt er auf tiefen Schmerz. Das klingt dann so: „Ich bin traurig, was soll ich nur tun? Ich wollte das nicht: ich wollte nicht so ein kaputtes Leben führen." Es geht um das Bedürfnis nach einem Sinn in seinem Leben, auch wenn er das Wort Sinn nicht kennt.

Und was bringt das der Frau, die vergewaltigt wurde? Würde es ihr nicht mehr helfen, wenn der Täter hart bestraft würde?
Das wäre das Prinzip des Strafrechts. Für mich ist schon der Begriff ein Widerspruch in sich. Aber es ist leider genau das, was wir gelernt haben, nämlich, dass man jemandem eine Lektion erteilen muss. Durch die Härte der Strafe sollen die Täter merken, wie böse und abgrundtief schlecht sie sind. Aber dadurch lernen sie überhaupt nichts darüber, was sie jemandem angetan haben. Und das Opfer bekommt nicht die Empathie, die es braucht. Recht ist nicht gleich Gerechtigkeit.

Ich habe noch nie erlebt, dass eine Frau alle Phasen der Empathie mit dem Mann, der sie vergewaltigt hat, erlebt hat und ihn immer noch bestrafen wollte. Es ist kaum zu glauben, aber da findet eine Heilung statt, die man – manchmal sind es nur zwei Stunden – vorher nicht für möglich gehalten hätte. Wir gehen dann noch einen Schritt weiter und überlegen, was noch getan werden kann, um Versöhnung herzustellen. Meistens gibt es da gar nichts. Manchmal hat die Frau viele Therapiestunden bezahlt und braucht Geld. Aber normalerweise ist die Versöhnung erreicht, sobald das Opfer die Empathie bekommen hat, die es braucht.

Wirklich?
Wirklich. Das lässt sich gar nicht vermeiden. Am Anfang wollen die Frauen den Täter einfach nur bestrafen, am liebsten sogar tot oder besser noch vorher gefoltert sehen. Aber wenn die Sitzungen vorbei sind, gehen sie mit Mitgefühl für diesen Mann nach Hause.

Das Problem ist, dass wohlmeinende Wölfe den Frauen oft vorschlagen, Verständnis für den Täter zu haben, bevor sie Empathie bekommen haben. So nach dem Motto: „Du musst einfach sehen, dass der arme Typ früher selber Opfer war, der hatte eine schwere

Kindheit.“ Wenn die Frauen versuchen, das, was passiert ist, intellektuell zu verstehen, bevor sie selber die Empathie erfahren haben, die sie brauchen, um zu heilen, dann schneiden sie sich von ihrem Schmerz ab und drücken ihn weg. Vom Kopf her haben sie dann vielleicht etwas verstanden und sagen, sie verzeihen. Aber das hat einen hohen Preis. Sie selbst bleiben von einem wichtigen Teil ihres Lebens abgeschnitten und ihnen ist nicht wirklich geholfen. Erst wenn sie vom Täter Empathie bekommen und dann den Schmerz des anderen miterleben, sind sie auch wirklich offen für die Antwort auf die Frage: „Warum hast du das getan?“, d.h., erst dann sind sie bereit, selbst Empathie zu geben.

Was sind denn die Gründe bzw. die Bedürfnisse eines Vergewaltigers?
Die sind gar nicht so sensationell. Wir alle haben die gleichen Bedürfnisse. Es geht nicht unbedingt um Sexualität. Eher um das Bedürfnis nach Verbindung, das sich jemand vergeblich durch Sexualität zu erfüllen versucht. In den allermeisten Fällen sind die Vergewaltiger selber irgendwann Opfer von Gewalt oder sexuellem Missbrauch geworden. Und sie suchen Empathie für das Drama ihres Lebens, für ihre Wut und für das, was hinter der Wut liegt, nämlich meistens: Angst, Hilflosigkeit und Ohnmacht.

Und indem sie Macht über eine andere Person haben, bekämpfen sie ihr eigenes Gefühl von Machtlosigkeit?
Ja, in ihnen geht so etwas Ähnliches vor wie: Ich werde jemanden anderen dazu bringen, sich so zu fühlen, wie ich mich damals gefühlt habe. Das ist eine sehr destruktive und paradoxe Strategie, aber es geht letztendlich darum, Empathie zu bekommen. Diese Menschen möchten einen anderen leiden sehen, weil sie dann denken, der andere kann ihren Schmerz nachempfinden.

Hinter dem pathologischsten Serienkiller mag ja ein Mensch mit legitimen Bedürfnissen stehen. Ich frage mich nur, ob man diesen Menschen wirklich immer erreichen kann.
In Schweden habe ich regelmäßig mit einer Gruppe von Gefangenen gearbeitet. Als ich eines Tages zur Arbeit kam, sagte einer von der Gefängnisleitung: „Marshall, wir haben ein neues Mitglied in deine

Gruppe eingeteilt. Ein Monster von einem Typ, zirka zwei Meter groß und von oben bis unten tätowiert. Wir wissen von sechs Morden, es gibt Leute, die behaupten, er habe neun Menschen umgebracht." „Vergiss die Zahlen, es ist mir egal, ob er sechs oder neun Leute umgebracht hat, alles über null macht mir Angst!" Also bin ich reingegangen. Der Kerl sah aus wie der Mörder aus einem Hollywood-Film. Und er starrte mich die ganze Zeit an. Die ersten beiden Tage in der Gruppe der Gefangenen vergingen, ohne dass der Typ auch nur ein einziges Wort sagte. Er hat mich immer nur angestarrt. Ich wurde wütend auf die Gefängnisleitung, die mir diesen Psychopathen in die Gruppe gesetzt hatte, mit dem man sowieso nie würde arbeiten können. Merken Sie, was passiert ist? Ich habe mich nicht mit meinen Gefühlen gegenüber diesem Mann verbunden, ich habe auch nicht versucht, mich in ihn einzufühlen und zu verstehen, was möglicherweise hinter seinem Schweigen passiert – nein, ich rettete mich in medizinische Diagnosen. Am dritten Tag erzählte ich einem Kollegen beim Frühstück davon, und der gab mir Empathie. Er half mir zu sehen, was hinter meiner Wut steckte. Ich merkte, wieviel Angst ich vor diesem Kerl hatte. So sehr, dass ich mich nicht getraut hatte, ihn mit meinen Gefühlen zu konfrontieren. Also bin ich an diesem Tag zu dem Mann gegangen und habe ihm gesagt: „Wissen Sie, wenn Sie einfach da sitzen und mich zwei Tage lang anstarren und wenn ich in den Berichten lese, warum Sie hier sind, dann macht mir das riesige Angst. Ich hab' mich nicht mal getraut, mich mit dem Rücken zu Ihnen zu drehen. Wie ist das für Sie, wenn ich das sage?" Da hat er mich angeguckt und gesagt: „Was wollen Sie hören?" Und so sind wir ins Gespräch gekommen. Also, was ich sagen will: Probleme gab es immer nur in den Fällen, in denen ich mich nicht getraut habe, ehrlich zu sein, dann kam keine Verbindung zustande. Aber wenn ich bei mir war, wenn ich meine Gefühle kommuniziert habe und mich selber verletzbar gemacht habe, dann hatte ich immer das Gefühl, ich kann den Menschen erreichen. Natürlich gab's auch Fälle, in denen es weitaus länger dauerte, in Kontakt zu kommen. Besonders als ich in der Psychiatrie arbeitete, da haben manche Patienten lange Zeit gar nicht mit mir geredet, bis sie sich einigermaßen sicher fühlten.

Aber im Vergleich dazu, wie lange sie dazu gebraucht haben, um so zu werden, wie sie sind, geht es relativ schnell. Wenn ich darüber nachdenke, wie viele Jahre Menschen ihren Eltern und deren Missbrauch ausgesetzt waren, wie viele Jahre sie vielleicht unter dem Einfluss von Lehrern und Haftanstalten gelitten haben, dann wundert es mich manchmal, wie schnell sie sich in einem empathischen Setting verändern können.

Kann man da Zeitangaben machen? Wie lange dauert es, um eine Vertrauensbasis herzustellen? Ich stelle mir das sehr schwierig vor.
Es gibt sicher extreme Ausnahmefälle, auf die das, was ich jetzt sage, nicht zutrifft. Aber ich wäre sehr überrascht, wenn es länger als zwei, drei Tage dauern würde, um wirklich in Kontakt zu kommen. Aber diese drei Tage muss man erst einmal aushalten. Wenn ich mit Menschen zu tun habe, deren Lebensthema Gewalt und Zerstörung ist, und ich versuche in Kontakt mit ihnen zu kommen, dann kann es leicht passieren, dass sie das verunsichert. Sie bekommen Angst und versuchen mich zu provozieren. Dann wollen sie mich dazu bringen, dass ich wütend werde – das kennen sie, das passt in ihr Weltbild. Das heißt, je freundlicher du am Anfang zu ihnen bist, desto gewalttätiger werden sie. Diese Dynamik wird in vielen Studien dokumentiert.

Trauen sie der Freundlichkeit nicht?
Sie trauen ihr nicht, weil sie ihnen fremd ist. Dann kann es sein, dass ihr Gegenüber schnell frustriert ist: Sieh dir das an, ich bin freundlich, und was ist der Dank? Aber wenn man versteht, dass der andere einfach Angst hat und nicht weiß, wie er mit dieser Freundlichkeit umgehen soll, dann ist es nicht so schwer, bei sich zu bleiben. In dieser „Testing out"-Phase prüft die Person, ob du wie der Rest der Welt bist. Sie ist einfach unglaublich misstrauisch und versucht sich zu beweisen, dass du ein Arschloch bist, denn dann ist die Welt wieder in Ordnung. Aber wenn du ihr Einfühlung für die Angst hinter der Aggression gibst, dann würde ich mich doch sehr wundern, wenn sich nicht irgendetwas in diesen drei Tagen radikal verändern würde.

Als Psychologiestudent habe ich mal Jugendliche in einem Ferienlager betreut. Die meisten waren so genannte Problemfälle, deshalb hatte die Psychologische Fakultät die Betreuung übernommen. Ich hatte mir vorgenommen, mir mit diesen Kids ganz viel Mühe zu geben. Einer der besonders schwierigen Fälle, ein Junge, zu dem ich besonders nett war, ist in der ersten Nacht in mein Schlafzimmer gekommen. Ich bin aufgewacht und dachte: Irgendwas ist komisch. Und da war dieser Typ doch tatsächlich dabei, auf mich draufzupinkeln. Die andern hatten ihn dazu angestachelt. Damals hat mich das nicht gerade empathisch gestimmt. Zum Glück lag ich in einem Schlafsack. Sonst hätte ich ihn bestimmt verprügelt. Aber ich kam nicht aus dem verdammten Schlafsack raus, und so stand er da und pinkelte auf mich drauf. Als ich endlich aus dem Schlafsack draußen war, war ich zwar sicher nicht gerade gewaltfrei, aber ich habe ihn nicht geschlagen. Ich hatte zu diesem Zeitpunkt schon mit etlichen Straftätern gearbeitet und war bereits durch eine Reihe solcher „Testing out"-Phasen gegangen.

Wie gehen Sie denn nun damit um? Freundlich zu bleiben wäre unehrlich. Ignorieren Sie das Verhalten?
Nein, ignorieren auf keinen Fall. Ich bediene mich der *beschützenden* Anwendung von Macht[16]. Wenn so etwas passiert, wenn ich Sorge habe, dass ein Mensch mich oder andere verletzt, dann sperre ich ihn in ein Zimmer ein. Das ist eine Form der Gewalt, die ich anwende, um mich zu beschützen und nicht um ihn zu bestrafen. Und ich gehe mit ihm rein. Dann beschimpft er mich natürlich, aber das ist okay, und ich gebe ihm Einfühlung.

Das heißt, man kann jemanden einsperren, ohne ihn zu bestrafen. Es ist eine schöne Vision, dass Gefängnisse als schützende Anwendung von Macht benutzt werden könnten. Dann hätten die dort Inhaftierten die Chance, in der Haftzeit wieder zu ihrem Menschsein zu finden, und es würde ihnen nicht – wie leider so oft – endgültig abtrainiert.
Ja, und das wäre gar nicht so schwer. Wissen Sie, was einige der fortschrittlicheren Haftanstalten der Vereinigten Staaten mit ihren Inhaftierten machen? In San Quentin in San Francisco sitzen ungefähr 100 Todeskandidaten. Menschen, die auf die Vollstreckung ihrer Todesstrafe warten und die zu einem echten Problem geworden sind. Sie müssen sich vorstellen, dass das Warten auf den eigenen Tod nicht gerade altruistische Gefühle in einem weckt. Die Menschen sitzen jahrelang völlig vereinzelt in ihren Zellen, und ihr Hass macht sie

kreativ. Sie greifen zu allen erdenklichen Mitteln. Einige von ihnen haben zum Beispiel AIDS, das heißt, ihr Blut und ihre Ausscheidungen sind infiziert. Wenn die Wärter vorbeigehen, beschmeißen sie sie mit Bomben aus Kot und Blut. Inzwischen sind die Wärter auf vielen solcher Stationen mit schusssicheren Westen, Gasmasken und anderer Schutzkleidung ausgerüstet – es ist ein Albtraum, der zudem eine Unmenge Geld kostet. Also hat die Gefängnisleitung von San Quentin sich etwas ausgedacht, um diese gefährlichen Todeskandidaten ruhig zu stellen. Sie werden als Krankenpfleger auf AIDS-Stationen eingesetzt, wo sie Menschen pflegen, die an AIDS sterben.

Und das funktioniert?
Ja. Alle empfinden es als absolutes Privileg, dort eingesetzt zu werden. Selbst die härtesten Kerle verwandeln sich in fürsorgliche Wesen, wenn sie Sterbenden helfen dürfen. Es erfüllt ihr Bedürfnis, etwas Sinnvolles zu tun. Und das überrascht mich überhaupt nicht. Es liegt in unserer menschlichen Natur.

Es ist mir immer noch ein Rätsel, wie Menschen, die schwere Gewaltverbrechen verüben, im gleichen Moment menschlich sein sollen. Wie kann das gehen?
Ich habe mal einen Argentinier kennen gelernt, er war Herausgeber einer kritischen Tageszeitung, und er war in seinem Land als Revolutionär inhaftiert und gefoltert worden. Er erzählte, dass sein Folterer nach einer Folterung zu ihm kam, ins gleiche Zimmer, in dem er eben noch gefoltert worden war, um ihn – als wäre er sein bester Freund – zu fragen, ob er nicht seine Kontakte draußen spielen lassen könnte, um seinem Bruder einen Job zu besorgen. Es gibt viele solcher Geschichten. Menschen stecken in bestimmten Strukturen, bestimmten Kontexten, in denen sie so funktionieren, wie es von ihnen erwartet wird.

Und diese Strukturen sind so viel mächtiger als die einzelnen Menschen?
Nicht mächtiger als alle Menschen, Gott sei Dank! Zum Glück sind nicht alle Menschen widerspruchslos gehorsam. Sie kennen sicher das Milgram-Experiment[17]. 70 Prozent der Versuchspersonen ma-

chen, was ihnen gesagt wird, 30 Prozent widersetzen sich und sagen: „Ist mir egal, ob Sie Professor sind und ob diese Forschung hier wichtig ist oder nicht, ich mache nicht mit!“

Das sind dann diejenigen, die mit sich und ihrem Mitgefühl für andere verbunden sind. Wie gehen Sie mit den anderen 70 Prozent um, den Menschen, die nicht mit sich verbunden sind?
Das sind die Menschen, mit denen ich am häufigsten zu tun habe. Und damit meine ich nicht nur Gewaltverbrecher. Die härtesten Fälle sind die Menschen aus der Wirtschaft oder an den Universitäten. Um sie mit ihren Gefühlen in Kontakt zu bringen, bräuchte es manchmal einen operativen Eingriff, das ist richtig Arbeit.

Eine Sache ist mir noch nicht ganz klar. Sie behaupten, dass ein Mensch jederzeit mit seinen Gefühlen und seiner Menschlichkeit in Kontakt kommen kann, egal, ob es sich nun um Gewalttäter handelt oder um Menschen, die sich in Strukturen bewegen, in denen die Gewalt staatlich verordnet oder institutionalisiert und weniger sichtbar ist. Ich frage mich, ob das Mitgefühl, das jemand zeigt, der eben noch einen anderen gedemütigt oder umgebracht hat, wirklich Mitgefühl und Menschlichkeit ist. Möglicherweise ist es nicht echtes Mitgefühl, sondern eher eine Art Sentimentalität, die jemand empfindet, der im einen Moment andere misshandelt und im nächsten Moment ein Kind tröstet oder Tränen über sein verstorbenes Haustier vergießt.
Ich verstehe den Unterschied, den Sie meinen. Aber entscheidend ist, dass jeder Menschen mit sich und seinem Menschsein in Verbindung gebracht werden *kann*. Es kommt auf den Kontext an. Das macht die Sache einfacher und schwieriger zugleich. Denn das heißt: Bestimmte Strukturen und Kontexte können aus jedem von uns Monster machen. Davor schützen kann uns nur eine einfühlsame Verbindung zu uns selbst, zu unserer Lebendigkeit. Aber genau diese Verbindung zu uns selbst wird in unserer Kultur überhaupt nicht eingeübt. Uns wird genau das Gegenteil antrainiert. Wir lernen von klein auf, an destruktive Denk- und Machtstrukturen zu glauben und unsere Verantwortung an Autoritäten abzugeben.

Ihre egalitäre Sichtweise hat etwas sehr Plausibles: Es gibt keine guten und schlechten Menschen, wir haben alle die gleichen Saiten in uns, die schön und die hässlich klingen können. Und trotz aller Konditionierung haben wir zu jedem Zeitpunkt die Möglichkeit und die volle Verantwortung, das Menschliche in uns handeln zu lassen.

Diese Sichtweise bietet vor allem eine unglaublich hoffnungsvolle Perspektive: Es ermöglicht uns, innerhalb der bestehenden Strukturen zu leben und trotzdem mit unserer Menschlichkeit in Verbindung zu bleiben. Natürlich wäre es noch viel besser, wenn wir lernen würden, die Strukturen so zu verändern, dass sie – statt einen darin zu behindern – es einem erleichtern, in dieser Haltung mit sich und dem Leben verbunden zu bleiben.

Liebesbeziehungen als Konfliktschule

„Liebe ist kein Gefühl."

Fangen wir doch mal mit dieser harmlosen kleinen Frage an: Was ist Liebe?

Die Gewaltfreie Kommunikation hat sich ja aus genau dieser Frage heraus entwickelt: Was ist Liebe? Wie können wir Liebe leben? Und ich denke, wir zeigen einander Liebe, indem wir uns empathisch miteinander verbinden, indem wir einander offenbaren, was uns bewegt, und indem wir sicherstellen, dass diese Verbindung ausschließlich aus dem Bedürfnis nach Mitgefühl motiviert ist.

Die meisten Menschen definieren Liebe völlig anders, sie denken, Liebe ist ein Gefühl.

Wenn Sie also Ihren Partner oder Ihre Partnerin fragen: „Liebst du mich?", dann fragen Sie, wenn man ganz genau hinschaut, eigentlich etwas anderes, Sie fragen: Hast du warme, zärtliche Gefühle für mich? Und Gefühle verändern sich, sie können von einem Moment zum nächsten ganz anders sein. Deshalb wäre eine ehrliche Antwort auf die Frage „Liebst du mich?" „Wann denn? Jetzt, in diesem Moment? Oder möchtest du, dass ich eine Prognose darüber abgebe, wie viele

Minuten im nächsten Monat ich diese warmen, zärtlichen Gefühle für dich haben werde?" Eine solche Reaktion würde den Fragenden sicher irritieren oder ärgern, und er würde wissen wollen: „Ja, was nun, hast du diese Gefühle für mich oder nicht?" Aber diese Frage kann man nicht so grundsätzlich beantworten, sondern nur in Bezug auf einen bestimmten Kontext oder Zeitpunkt. Viele Paare tun sich Gewalt an, weil sie von Liebe sprechen und ihnen aber gar nicht klar ist, was sie selbst unter dem Begriff Liebe verstehen.

Wenn Sie nun mit Paaren arbeiten, dann fragen Sie doch bestimmt, was genau sie sich wünschen, um ihr Bedürfnis nach Liebe erfüllt zu sehen.

Ja – und sie hassen diese Frage. Denn fast jeder ist der Überzeugung: Wenn der andere mich liebt, dann muss er doch wissen, was ich mir wünsche, dann muss ich das doch nicht extra sagen. Deshalb lieben wir uns doch.

Folgenden Dialog hat ein Paar in einem meiner Workshops geführt, nachdem die Frau gesagt hatte, dass ihr Bedürfnis nach Liebe in ihrer Beziehung nicht erfüllt werde. Ihr Mann erwiderte: „Aber ich liebe dich." Und sie sagte: „Nein, tust du nicht." Und er: „Doch." Ich habe eingegriffen und sie gebeten, ihm genau zu sagen, was sie sich von ihm wünscht, damit ihr Bedürfnis nach Liebe erfüllt wird, so konkret wie möglich. Und er sagte: „Ja, ich würde es wirklich gerne hören, denn offenbar habe ich ja keine Ahnung." Sie: „Das ist schwer auszudrücken – in Worten." Er: „Wenn es für dich schwer zu sagen ist, kannst du dir dann vorstellen, wie schwer es für mich ist, es zu tun?" Da fing es an, in ihr zu arbeiten und es war ein bisschen peinlich, als ihr plötzlich klar wurde, dass, wenn sie ehrlich war, ihre Vorstellung von Liebe eine ganz schöne Zumutung war. Sie sagte: „Wenn ich ehrlich bin, dann will ich, dass du errätst, was ich will, bevor ich es selber weiß." Es hat ihr selbst geholfen, diese diffusen Vorstellungen auszusprechen und mehr Klarheit darüber zu bekommen, was sie eigentlich von ihrem Mann wollte. Viele Menschen haben fünf unglückliche Beziehungen durchlebt, bevor sie verstehen, dass sie niemals ihr Bedürfnis nach Liebe erfüllt bekommen werden, wenn sie nach jemandem suchen, der ihnen ihre Wünsche erfüllt, bevor sie sich selber darüber klar geworden sind, was sie eigentlich brauchen. Und das ist nur eine der vielen destruktiven Strategien, die in unserer Kultur zum Thema Liebe, Intimität und Sexualität gelernt und gepflegt werden.

Ich meine, kennen Sie ein Paar, das in einer funktionierenden und für Sie vorbildlichen Beziehung lebt? Ich erlebe das sehr selten.

Wie kann ich denn da noch zu der Person, die ich liebe, sagen: „Ich liebe dich", ohne Angst vor Folgeschäden haben zu müssen?

Als ich das erste Mal darüber nachgedacht habe, wie eine Giraffe „Ich liebe dich" sagen würde, da saß ich gerade an meinem Schreibtisch und habe an einem Vortrag zu dem Thema gearbeitet. Ich bin in die Küche gegangen, um mir etwas zu trinken zu holen, und da saß meine Tochter am Küchentisch und hat gemalt. Ich wollte mich gerade, wie es meine Gewohnheit war, über sie beugen, ihr einen Kuss geben und „Ich liebe dich" sagen, aber dann dachte ich: Wenn du es wirklich ernst meinst, dann versuche doch mal deine Gefühle so auszudrücken, dass sie wirklich bei ihr ankommen. Also habe ich mir überlegt: Was möchte ich feiern? Was berührt meine Tochter in mir so sehr? Ich meine, sie sitzt einfach nur da und malt. Also habe ich es einfach versucht: „Marla, wenn ich sehe, wie du da sitzt und malst, dann" –, ja was habe ich eigentlich gefühlt? Es ist so viel einfacher „Ich liebe dich" zu sagen, weil ich mich dann nicht mit mir selbst verbinden und in meine Gefühle vertiefen muss. Aber als ich mir über meine Gefühle und Bedürfnisse klar geworden bin, habe ich das Glück über diesen Moment so viel intensiver gespürt. Also habe ich gesagt: „Wenn ich sehe, wie du da sitzt und malst, empfinde ich tiefes Glück, dass ich mit dir wundervollem Wesen zusammenlebe, denn es erfüllt dieses wichtige Bedürfnis nach Verbundenheit in mir." Und ich konnte in ihren Augen sehen, dass das, was ich gesagt habe, ihr sehr viel mehr gegeben hatte als „Ich liebe dich". Aber ich habe auch viel mehr von mir gezeigt. Also, ich kann Ihnen nur wärmstens ans Herz legen, damit ein bisschen zu experimentieren. Probieren Sie den Unterschied aus und fragen Sie die Menschen, die Ihnen nahe stehen, was ihnen besser gefällt.

Aber ich muss Sie auch warnen: wenn jemand erstmal auf den Geschmack gekommen ist, kommen Sie mit „ich liebe dich" nicht mehr durch. Wenn ich zu meiner Partnerin sage: „Ich liebe dich", dann kriege ich zu hören: „O nein, ich will die ungekürzte Fassung."

„Ungekürzte Fassung" klingt nicht nach etwas, was man noch schnell mit an den Abschiedskuss dranhängen kann.

Eine Frage zu den Gefühlen in der Liebe: Sie können uns einerseits in Verbindung mit all dem zwischenmenschlichen Reichtum bringen und andererseits sind sie wechselhaft und unbeständig?
Ja natürlich. Es wäre sonst auch ziemlich langweilig.

Damit umzugehen ist aber doch wirklich nicht so leicht: schließlich will man in engen emotionalen Bindungen nicht nur Glück, sondern auch Sicherheit, Stabilität und Verlässlichkeit.
Woher wollen Sie wissen, was in fünf Minuten ist? In fünf Minuten könnte ich tot in meinem Sessel liegen. Es gibt keine Sicherheit. Forderungen, Versprechen, Bibelschwüre, Pflichtgefühle – ich verstehe etwas anderes unter einer glücklichen Beziehung. Alles, was ich überhaupt garantieren kann, sind die Absichten, die ich in diesem Moment habe. Mit Absichten meine ich: Was wollen wir im Moment gemeinsam leben? Wie kann ich mich so einbringen, dass die Verbundenheit und Tiefe möglich wird, die ich mir in einer Beziehung wünsche?

Von all den Menschen, die sich in der Kirche ewige Liebe versprechen, lösen – zumindest in den USA – über die Hälfte dieses Versprechen nicht ein.[18] Es gibt keine Sicherheit, trotz aller Bekundungen, die das Gegenteil behaupten. 55 Prozent der Paare, die heiraten, lassen sich wieder scheiden, und bei den restlichen 45 Prozent bin ich mir auch nicht in jedem Fall sicher, ob sie zusammen bleiben sollten. Also, warum machen wir diese Versprechungen, wenn schon vorher klar ist, dass über die Hälfte von uns sie nicht einhält? Ich finde es sehr viel ehrlicher, sich in einer Beziehung über die Absichten klar zu werden, die Absichten, die wir beide zu diesem Zeitpunkt haben. Wenn sich unsere Absichten ändern, lass uns neu darüber verhandeln.

Dann glauben Sie nicht an die schöne Idee, dass zwei Menschen ein Leben lang zusammen bleiben?

Ich glaube, wenn zwei Menschen sich immer wieder ehrlich über ihre Vorstellungen und Absichten austauschen, dann ist die Wahrscheinlichkeit, dass die Beziehung ein Leben lang hält, größer, als wenn sie es nicht tun. Wenn man sich immer wieder neu über die Bedürfnisse und die gemeinsamen und unterschiedlichen Strategien klar wird und aufmerksam dafür ist, was die Nähe und Verbundenheit gefährden könnte, dann ist die Basis der Beziehung irgendwann so gut und wertvoll, dass man sich freiwillig immer wieder dafür entscheidet.

Wenn Liebe kein Gefühl ist, was ist es dann? Ist Liebe ein Bedürfnis?
Wenn ich von Liebe spreche, dann meine ich damit zwei verschiedene Dinge: Ich verwende das Wort Liebe einmal als Ausdruck für eine spirituelle Haltung.

Wenn ich von der spirituellen Dimension spreche, dann bezieht sich meine Liebe auf alle Menschen, auf alle lebenden Wesen, auf die Bäume, auf das Meer, auf die Luft, auf die göttliche Energie. Die Freude daran, dem Leben zu dienen, entspringt einem unserer wichtigsten Bedürfnisse. Eine Pflanze zu gießen und sich zu freuen, dass sie wächst. Das ist für mich Liebe.

In Bezug auf Menschen kann ich diese spirituelle Dimension der Liebe auch für eine Person empfinden, die ich nicht besonders gerne mag oder sogar überhaupt nicht mag. Ich kann trotzdem dazu beitragen, dass es ihr gut geht. Jedem menschlichen Wesen eine grundsätzliche Wertschätzung entgegenzubringen ist die schönste Umgangsform, die wir uns selbst gegenüber wählen können. Denn jedes Mal, wenn wir ein Arschloch sehen, zahlen wir dafür, denn dann leben wir in einer Welt voller Arschlöcher. Wenn ich mich dafür entscheide, in jedem Menschen seine Schönheit zu sehen, dann behandle ich auch mich selber mit Liebe. Das habe ich mir nicht ausgedacht, alle Religionen sagen das auf ihre Weise: „Richtet nicht, so werdet ihr auch nicht gerichtet", „Liebe deinen Nächsten wie dich selbst". Wenn ich aus dieser Haltung dem Leben diene, wenn ich alles, was ich tue, ganz allein aus der Freude an allem Lebendigen tue, nicht aus Pflichtgefühl, Schuldgefühlen oder weil es in der Bibel steht, dann erfülle ich mir damit eines der Bedürfnisse, die für mich am wichtigsten sind: das Bedürfnis nach Sinn. Das ist die eine der beiden Definitionen von Liebe.

Und dann verwende ich noch das Wort Liebe, um damit das Bedürfnis nach Nähe und Intimität zu beschreiben.

Ist das Bedürfnis nach Intimität nicht ein exklusives Bedürfnis?
Meinem Verständnis nach nicht. Wenn ich eine einfühlende Verbindung mit einem Menschen eingehe, dann erfülle ich mir damit mein Bedürfnis nach Liebe und Intimität. Und einfühlende Verbindung – das ist etwas, das ich mit vielen Menschen teilen will und das tue ich auch.

Und wie ist das mit Sexualität? Ist Sexualität ein Bedürfnis? Oder ist sie eine Strategie, um ein oder mehrere Bedürfnisse zu erfüllen?
Das ist Definitionssache, darüber ist schon viel diskutiert worden. Ich persönlich würde sagen, sie ist eine Strategie. Ich arbeite viel mit Menschen zusammen, die aus spirituellen Gründen auf Sexualität verzichten, zum Beispiel mit Priestern, und sie haben mir glaubhaft gemacht, dass sie ihr Bedürfnis nach Liebe und Intimität ohne Sexualität erfüllen. Andere meinen, Sexualität gehört zu den körperlichen Grundbedürfnissen. Aber für mich ist Sexualität nicht zwangsläufig ein Bestandteil von Liebe und Intimität. Sie *kann* ein Bestandteil sein. Aber Sie werden der These sicher nicht widersprechen, dass man jede Menge Sex ohne Liebe und Intimität haben kann, was auch immer wir unter Intimität verstehen.

Sind Liebesbeziehungen und Bedürfniserfüllung nicht eine sehr komplizierte und schwierige Angelegenheit? Also: die Bedürfnisse nach Liebe und Intimität, nach Sicherheit, Harmonie und Freiheit, Kreativität in der Partnerschaft alle unter einen Hut zu bekommen? Und dazu noch mit einer Person.
Kompliziert und schwierig? Ich habe nur 40 Jahre dazu gebraucht, um mir über all diese wichtigen Fragen halbwegs Klarheit zu verschaffen. Es ist alles andere als einfach. Und es wird auch nicht gerade einfacher, wenn man in einer Wolfswelt lebt.

Mit *einer* Person all diese wichtigen Bedürfnisse zu leben, das ist definitiv eine Strategie.

Dann ist Partnerschaft auch eine Strategie, sozusagen die Lieblingsstrategie der Menschen, um das Bedürfnis nach Liebe und Intimität zu erfüllen?
Ja, genau, denn es gibt viele Wege, sich das Bedürfnis nach Liebe und Intimität zu erfüllen.

Eine der größten Herausforderungen in der Partnerschaft sind natürlich Affären oder Beziehungen mit anderen. Wenn mir jemand sagt: „Versprich mir, dass du das niemals tust", ist das in meinen Augen eher kontraproduktiv. Was ist mit meinem Bedürfnis nach Selbstbestimmung? Es geht doch darum, mir zu überlegen, warum ich mich entscheide, keine Beziehungen zu anderen als zu meiner Partnerin zu haben; darum welche Bedürfnisse auf beiden Seiten dadurch erfüllt werden.

Und wenn jemand aber sagt: es erfüllt ein Bedürfnis von mir, Beziehungen mit anderen zu haben?
Dann wäre es absurd, wenn diese Person ihrer Partnerin oder ihrem Partner versichern würde, keine Beziehungen mit anderen zu haben. Ich würde nur Dingen zustimmen, die meinen Bedürfnissen, die ich in der Beziehung habe, dienen. Es geht doch in einer Beziehung darum, dass zwei Menschen sich gegenseitig bestmöglich unterstützen, in persönlichen Prozessen und in dem Leben, das beide führen wollen. Für eine bestimmte Qualität der Intimität und Zuneigung können andere Beziehungen als störend empfunden werden. Mir geht es nicht um gängige Moralvorstellungen in Bezug auf das Thema Sexualität. Ich finde es weder gut noch schlecht, außerhalb einer Beziehung sexuelle Kontakte zu haben, ich würde mir einfach nur überlegen: Welche Auswirkungen hat das auf die Beziehung?

Und da Liebe und Intimität ein so grundsätzliches Bedürfnis sind, halte ich es für sehr wichtig, sich über die eigenen Strategien im Klaren zu sein. Denn die Menschen verstehen ganz unterschiedliche Dinge darunter und haben entsprechend unterschiedliche, mehr oder weniger klare Vorstellungen. Es ist nirgends so wichtig, eine konkrete Bitte zu formulieren, um die eigenen Wünsche zu kommunizieren, wie bei dem Bedürfnis nach Liebe und Intimität.

Und die Tragik von Liebesbeziehungen ist: Wenn wir nicht lernen, unsere Gefühle und Bedürfnisse zu kommunizieren, ist der Mensch, zu dem ich diese ganz besondere und nahe Verbindung habe, irgendwann der Mensch, mit dem es mir besonders schwer fällt, einfühlsam zu sein.

Die Schwierigkeiten, die Männer und Frauen haben, wenn sie versuchen, in der Partnerschaft ihre Bedürfnisse zu kommunizieren, sind auch auf die Geschlechterrollen zurückzuführen. Frauen haben traditionell gelernt, überhaupt keine eigenen Bedürfnisse zu haben, sondern sich um die Bedürfnisse von anderen zu kümmern. Das Frauenideal der Zeit, in der ich aufgewachsen bin, klingt in etwa so: „Meine Erfüllung liegt darin, mich um meine Familie, Mann und Kinder zu kümmern."

Dann würde ich fragen: „Und was sind Ihre Bedürfnisse?"

Die Frau, die ich mir vorstelle, würde sagen: „Eine glückliche Familie zu haben."

„Sie möchten dazu beitragen, dass es Ihrem Mann und Ihren Kindern gut geht. Okay. Ich bin sicher, dass Sie sich die gleiche Fürsorge wünschen, dass die Menschen, die Ihnen nahe stehen, nachfragen: ‚Was brauchst du, damit es dir gut geht?'"

„Wie es mir geht? Das interessiert doch sowieso niemanden. Außerdem, irgendjemand muss sich ja um alles kümmern. Wer macht denn das, wenn ich es nicht mache?"

„Ah, jetzt kommen wir der Sache näher. Sie haben Recht, Ihr Partner wird es wahrscheinlich nicht tun, denn Sie geben ihm keine Chance. Sie haben ihm noch nicht gezeigt, wie befriedigend diese Arbeit sein kann."

„Also, das möchte ich mal sehen. Dass der Tag kommt, an dem mein Mann den Weg in die Küche findet oder überhaupt sieht, was getan werden muss. Ich meine, wenn er mir mal hilft, dann macht er es nicht richtig, und dann mache ich es lieber selber."

„Er ist als Mann programmiert worden, lassen Sie uns dem armen Kerl beibringen, wie gut es sich anfühlt, andere Menschen zu versorgen."

„Das klingt interessant ...“
Frauen haben lange in dieser Rolle gelebt und tun es zum Teil ja auch immer noch. Was glauben Sie, welches Bedürfnis da erfüllt wird?
Das Bedürfnis nach Sinn. Frauen wurde in unserer Kultur eine destruktive Strategie für eines der wichtigsten Bedürfnisse überhaupt beigebracht. Sie haben gelernt, dass es ihr Bedürfnis nach Sinn im Leben erfüllt, wenn sie ihre eigenen Bedürfnisse verleugnen und sich für andere aufopfern. Ich habe mir einen Namen dafür ausgedacht, ich nenne es Feminitis.

Bezüglich der Verbreitung dieser Krankheit hat sich ja glücklicherweise in den letzten 40 Jahren einiges geändert. Ich denke, dass Frauen sich früher durch ihre Strategien Machtbereiche in der Familie geschaffen haben, weil sie im öffentlichen Leben weniger Einfluss hatten. Aber ich erlebe – Emanzipation und Feminismus zum Trotz –, wie gerade in Ihren Workshops der Geschlechterkampf weitergeht, und zwar zwischen aufgeklärten, selbstbewussten Frauen und reflektierten, suchenden, manchmal auch verunsicherten Männern. Und wenn ich mir die Themen anschaue, mit denen Männer und Frauen ringen, dann scheint mir, dass sich in den modernen Beziehungen eine neue Variante des alten Musters abspielt.
Überlegen Sie sich mal, über wie viele Jahrhunderte diese kulturellen Muster eingeübt worden sind. Es sind ziemlich hartnäckige Macht- und Denkstrukturen, mit denen wir es zu tun haben. Ich meine, wir versuchen jetzt gerade mal seit einem halben Jahrhundert, diese tradierten Rollen zu verändern und haben Erstaunliches bewegt, aber wir sind erst am Anfang.

Provokativ gefragt: Vielleicht wollen manche Menschen gar nichts ändern? Ich meine, wenn Frauen sich nicht so sehr um ihre eigenen, sondern mehr um die Bedürfnisse von anderen kümmern, dann ist das doch ausgesprochen praktisch für den Mann, oder?
O ja, es ist wunderbar. Das einzige Problem ist: Wissen Sie, was dann mit dem Mann passiert? Er wird zu einem emotionalen Vollidioten. Das ist zumindest das, was ich in meinen Beziehungen erlebt habe. Es bedeutet, dass ich mir als Mann meiner Bedürfnisse genauso wenig bewusst bin wie Frauen, denn ich habe keine Ahnung,

was ich überhaupt für Bedürfnisse habe. Wenn sie nicht erfüllt sind, dann warte ich darauf, dass meine Partnerin sich um mich kümmert. Und wenn sie es nicht tut, dann gebe ich ihr das Gefühl, dass sie irgendwas falsch gemacht hat. Ich ziehe mich zurück, und wenn sie fragt: „Marshall, was ist?", dann sage ich: „Nichts." Das hält sie nicht lange aus, und so kriege ich alles, was ich will. So einfach ist das, aber es hat einen hohen Preis. Ich werde langsam aber sicher zu einem gefühlsmäßigen Analphabeten. Ich lerne nicht zu sagen: „Ich habe gerade ein großes Bedürfnis nach Kontakt, nach Zärtlichkeit, wie geht es dir damit?" Als ich das erste Mal realisiert habe, in welchem Muster ich selber gefangen bin, war ich völlig geschockt. Ich habe von meiner Partnerin erwartet, dass sie meine Bedürfnisse besser kennt als ich selber! *Sie* sollte für die Erfüllung meiner Bedürfnisse sorgen. Und wenn sie es nicht tat, war ich wütend. Und da ich aber immer so liebende Frauen um mich herum hatte, waren sie wirklich gut darin, sie wussten immer genau, was ich brauchte. Und je besser sie darin wurden, desto unfähiger wurde ich.

Und es mag ein wichtiges Bedürfnis erfüllen, sich um andere zu kümmern. Aber wenn es zu Selbstverleugnung wird, dann bauen sich auf Dauer unangenehme Gefühle in einem auf, zum Beispiel Verletzung und Wut darüber, dass man selbst nicht gesehen wird, dass die eigenen Bedürfnisse keine Rolle spielen. Und ich als Mann habe jedes Mal teuer dafür bezahlt. Also habe ich beschlossen zu lernen, mich selber um meine Bedürfnisse zu kümmern, und es macht mich bis heute nervös, wenn ich den Eindruck habe, dass jemand etwas für mich tut, ohne wirklich in Verbindung mit den eigenen Bedürfnissen zu sein.

Ich bin hin- und hergerissen. Einerseits denke ich: Das haben wir doch längst überwunden, und gleichzeitig habe ich die Stimmen von all den Frauen im Ohr: „Nie redet er über seine Gefühle." Also, wenn wir schon bei den Geschlechtermythen und ihren – ich nenne es als positiv denkender Mensch mal – entwicklungsbedingten Kinderkrankheiten sind: Was sind in Ihren Augen die Symptome für Maskulinitis?

Kennen Sie die Legende von dem Ritter auf dem weißen Pferd? Er rettet die Verdammten und Unterdrückten, er stürzt sich in Kämpfe und tötet Drachen. Die Erfüllung seines Bedürfnisses nach Sinn und

Wertschätzung hängt davon ab, ob er die Frau retten kann, wenn sie in Not ist. Das ist aber nur so lange erfüllend, wie er es aus freiem Willen tut. Und es funktioniert nicht mehr, sobald er denkt, sie erwartet es von ihm. Wenn sie *dann* ihre Bedürfnisse nicht äußert, weil sie ihn nicht unter Druck setzen will und er ihre Bedürfnisse nicht sehen will, weil er eine Forderung hört, dann sitzen beide in ihrem Muster fest.

Die Krankheiten haben beide die gleiche Logik: Der Mann und die Frau, beide müssen sich selber aufgeben, um den anderen glücklich zu machen. Egal, ob diese Selbstbilder noch gelten oder nicht, sobald es irgendeine Schublade gibt, Diskussionen, wie ein Mann oder eine Frau heutzutage sein sollte, fangen wir an, Menschen festzulegen und in ihrem Entfaltungspotenzial einzuschränken. Es gibt diesen biologischen Unterschied, aber ich finde es viel wichtiger, jemanden nicht als Mann oder als Frau, sondern als Mensch zu sehen.

Ich kann sehen, dass es sowohl Männer als auch Frauen sind, die verantwortlich sind für wölfische Kommunikationsmuster. Und doch hat körperliche Gewalt innerhalb von Beziehungen ein Geschlecht. Warum sind es in der großen Mehrheit der Fälle die Männer, die die Frauen schlagen?

Ich hatte viele Gelegenheiten, Männer kennen zu lernen, die ihre Frauen schlagen, ich bin immer wieder von Frauenzentren und Frauenhäusern eingeladen worden. Eine Dynamik, auf die ich dort stieß, hat mit diesem Mythos zu tun, dass wir füreinander verantwortlich sind. Und ganz besonders mit dem Mythos, dass Männer für die sexuelle Befriedigung von Frauen verantwortlich sind. Das sitzt tief und ist oft nicht bewusst, aber ich glaube wirklich, dass diese Vorstellung einer der Gründe für Gewalt gegen Frauen ist. Dieser Mythos sagt: Eine Sache, die ein echter Mann leisten muss, ist, dass er seiner Frau Orgasmen verschafft. Und wenn er so denkt und sie keinen Sex mit ihm will, dann ist das zweifellos die größte Bedrohung seiner Männlichkeit. Und das ist ein Teufelskreis: Wer hätte da noch Lust, Sexualität zu genießen, und je mehr die Frau sich entzieht, desto wütender wird er. Beide sind verzweifelt und haben Angst. Das klassische Muster ist: Sie entzieht sich immer mehr und irgendwann schlägt er sie.

Meine erste Begegnung mit Sex ist das perfekte Beispiel für die Logik, die darin liegt. Als ich ein Junge war, war Sport alles für mich, besonders Baseball. Ich habe jeden Nachmittag mit meinen Freunden Baseball gespielt. Als ich eines Nachmittags zum Baseballfeld gekommen bin, standen alle um einen der älteren Jungs herum, ich war 13 und er vielleicht 15. Ich war total genervt – wieso fangen wir nicht mit dem Spielen an? Als ich mich der Gruppe genähert habe, hörte ich die Fragen der anderen: „Und, Johnny? Was ist abgegangen?“ Das hieß: Wie weit bist du gekommen, hast du ihre Brüste berührt, hattet ihr Geschlechtsverkehr? Das war jetzt der neue Sport. Du hast das Spiel gewonnen, wenn du es geschafft hast, mit ihr Sex zu haben, dann hattest du bewiesen, dass du ein Mann bist.

Was ist mit dem Klischee, dass es Männern nur um ihre sexuelle Befriedigung geht?
Das ist nicht das Wichtigste. Es geht vielmehr darum, Punkte zu machen. Dein Wert als Mann erschließt sich daraus, wie viele Treffer du vorzuweisen hast. Sex ist für Männer oft verstrickt mit einer bestimmten Vorstellung von Männlichkeit. Wenn sie dann die Reaktion der Frau als Zurückweisung interpretieren, ist das eine empfindliche Bedrohung ihres Selbstwertes. Sie sagen: „Sie ist kalt – was ich auch tue, sie reagiert nicht auf mich.“ Viele Männer können nicht sagen: „Wenn ich von dir keine Reaktion wahrnehme, dann bin ich zutiefst verunsichert und dann weiß ich nicht, wie ich mein Bedürfnis nach Nähe und Intimität erfüllen kann“, viele Männer können ihren Schmerz nicht artikulieren. Und bevor sie dafür keine Empathie bekommen, können sie sich nicht in die Ängste von Frauen einfühlen und interpretieren ein „Nein“ als Zurückweisung. Und die Frau wiederum sieht in dem Verhalten des Mannes einen Beweis dafür, dass etwas mit ihr nicht stimmt und dass sie nicht die Art Liebe bekommt, die sie sich wünscht, oder dass sie für ihn nichts weiter als ein Sexualobjekt ist.

Wenn es kulturelle Geschlechterrollen gibt, dann sind immer beide darin gefangen, und der Schmerz ist auf der Seite der Männer *und* auf der Seite der Frauen. Es geht gar nicht anders, es leidet nie immer nur eine Seite.

Also ist nicht Sexualität die Basis des Konflikts, sondern die Angst vor Demütigung und Unverstandensein, die sehr oft im Bereich der Sexualität auf destruktive Weise ausagiert wird. Das ist kein Wunder, denn das ist ja auch der Bereich, in dem am wenigsten offen kommuniziert wird, der am meisten tabuisiert und schambesetzt ist.

Und da ist sehr viel Schmerz. Mit trauriger Regelmäßigkeit sitzt in jedem Intensivtraining mindestens eine Frau, die sexuell missbraucht worden ist, meistens von ihrem Vater. Und dann weiß ich schon, dass dadurch drei oder vier weitere Frauen ermutigt werden, ihre Erfahrungen mit dem Thema einzubringen, und vermutlich gibt es noch mehr, die sich noch nicht trauen, darüber zu sprechen.

Wie würden Sie einem Mann Mut machen, Gefühle zu kommunizieren, ohne sich unter Erwartungsdruck zu fühlen?

Ich würde ihm ein paar Videos von diesem Typen zeigen, der Rosenberg heißt. Seine Partnerin spricht von ihm als „Mister Granit". Wenn *er* gelernt hat seine Gefühle auszudrücken, dann kann es jeder.

Auf der Basis dessen, wie ich als Mann so sozialisiert worden bin, war es erst mal nicht so leicht für mich zu erkennen, wie wertvoll es ist, seine Gefühle auszudrücken und mit anderen zu teilen. Als ich neun Jahre alt war, habe ich gelernt: Jungs haben keine Angst und Jungs weinen nicht, und von da an habe ich aufgehört, mich schwach zu zeigen.

Also, es war nicht leicht, ich habe Höllenqualen durchlitten. Ich dachte, wenn ich dieses Selbstbild aufgebe, was bleibt dann noch von mir übrig?

Ich war wirklich davon überzeugt, dass kein Mensch auf der Welt mich ernst nehmen würde, wenn ich als Mann weinen würde, schon gar nicht Frauen. Ich habe erst später kapiert, wie hungrig sie danach sind, auch diesen Teil mitzubekommen.

Es gab ein prägendes Erlebnis, es liegt eine Weile zurück. Es war 1970, und ich erinnere mich noch sehr genau: Ich habe einen Workshop für alleinerziehende Mütter in Toronto gegeben. Viele dieser Frauen waren von ihren Männern misshandelt worden. Nachmittags sagte eine der Teilnehmerinnen in der großen Runde: „Marshall, ich will sagen, dass es mir Leid tut, ich war eigentlich dagegen, dass du eingeladen wirst und habe alles versucht, um es zu verhindern. Ich dachte, wir brauchen keinen weiteren Mann, der uns noch kaputter macht, als wir sowieso schon sind. Aber als ich diese Verbindung heute morgen zu dir gefühlt habe, war ich sehr dankbar, es hat mir sehr viel bedeutet." Mir kamen die Tränen, und ich habe mich nicht getraut in die Runde zu gucken. Männer weinen nicht, schon gar nicht, wenn sie Workshoptrainer sind und ganz besonders nicht vor 50 Frauen. Und als ich schließlich in die Runde geguckt habe, erwartete ich Verachtung und peinliche Verlegenheit in ihren Gesichtern, doch was ich sah, war unendlich viel Respekt und Liebe. Da fing ich richtig an zu weinen. Ich habe geweint und geweint und gedacht, diese Frauen haben doch nicht ihre letzten Dollar zusammengekratzt, damit ich ihnen hier jetzt was vorheule. Doch als ich aufblickte, sahen sie mich überhaupt nicht so an, als würde ich ihre Zeit verschwenden. Es war das erste Mal seit 30 Jahren, dass ich geweint habe.

Kinder gewaltfrei erziehen

„Stellen Sie sich vor, Ihr Kind wäre Gandhi …"

„Gewaltfreie Kommunikation ist eine gute Idee, aber sie funktioniert nicht mit Kindern", das habe ich schon öfter von kritischen Stimmen gehört. Kinder könnten das noch nicht: von Gefühlen und Bedürfnissen sprechen, geschweige denn alle vier Schritte verstehen. Was meinen Sie dazu?

Sie lernen die Gewaltfreie Kommunikation doppelt so schnell wie die Erwachsenen. Wenn ich in Schulen arbeite, dann ist es manchmal so, dass ich nacheinander den verschiedenen Jahrgängen eine kurze Einführung gebe. Ich fange mit den Kleinen in der Grundschule an, dann gehe ich in die Mittelstufe und später zu den älteren Schülern in der Highschool. Zum Schluss kommen die Lehrer dran. Ich mache in allen Gruppen im Prinzip das Gleiche, ich bringe ihnen bei, wie man mit jemandem umgehen kann, der Wolfssprache spricht, der also andere bewertet, verurteilt, anklagt usw., und wie man dessen Sprache in Giraffensprache übersetzen kann. Bei den Grundschülern dauert es nicht lange, dann konnte ich in der Rolle des Lehrers sagen: „Wie konntest du das tun, das war dumm von dir", und eine Sechsjährige reagiert mit: „Sie möchten, dass ich mich anders verhalte?" Ich bringe ihnen bei, dass man die Bedürfnisse einer anderen Person verstehen kann, ohne ihre Worte persönlich zu nehmen. Sie brauchen normalerweise ungefähr eine Stunde, um die Grundidee der Gewaltfreien Kommunikation zu kapieren.

Dann arbeite ich mit der nächst älteren Gruppe und schließlich mit den Highschool-Schülern. Je älter sie sind und je länger sie mit Wolfsdenken programmiert wurden, desto schwieriger wird es, ihnen Gewaltfreie Kommunikation beizubringen. Aber es wird erst richtig traurig, wenn ich mit den Lehrern arbeite. Es fällt ihnen so schwer, obwohl sie das alles schon zum zweiten Mal hören, denn sie saßen im Klassenraum, als ich die Schüler unterrichtet habe. Ich sage zu ihnen in der Rolle einer Autorität: „Wie konnten Sie das tun, das war dumm von Ihnen", und einer der Lehrer sagt: „Entschuldigung." Das ist keine Empathie, das ist eine Entschuldigung.

Das hört sich an, als wären die Kinder noch ganz verbunden mit der natürlichen Giraffenenergie, bevor die Erwachsenen sie ihnen austreiben.

Ja. Es gibt eine Übung, die ich mit Eltern mache. Ich bitte sie aufzuschreiben, was sie zu einer Person sagen, die sich etwas von ihnen leiht und nicht zurückgibt. Ich teile die Gruppe vorher und sage der Gruppe in dem einen Raum, dass es sich bei dieser Person um eines ihrer Kinder handelt. Der anderen Gruppe sage ich, die Person ist der Nachbar von nebenan. Anschließend kommen wir wieder zusammen und werten aus, was die jeweiligen Gruppen aufgeschrieben haben. Das Ergebnis ist bisher immer das gleiche gewesen. Was meinen Sie, welcher der beiden Personen, die etwas ausgeliehen, aber nicht zurückgegeben hat, am meisten Liebe und Respekt entgegen gebracht wurde?

Dem Nachbar von nebenan. Diese Übung hat mir gezeigt, dass wir – ich schließe mich da nicht aus – oft für unsere eigenen Kinder nicht annäherungsweise soviel Verständnis haben wie für Menschen, die uns gar nicht besonders nahe sind.

Und als mir das klar geworden ist, wollte ich sicher gehen, dass ich Kinder zukünftig nicht anders behandeln würde als Menschen, vor denen ich großen Respekt habe.

Und um dafür ein klareres Bewusstsein zu entwickeln, habe ich mir noch eine Übung ausgedacht. Für diese Übung braucht man ein bisschen Fantasie. Der Anfang ist noch ganz einfach: Erinnern Sie sich an eine Situation, in der Ihr Kind oder ein Kind, das Ihnen nahe steht, etwas getan hat, das Ihnen nicht gefallen hat.

Stellen Sie sich nun die Person vor, die Sie am allermeisten bewundern auf der Welt, eine berühmte, hoch geschätzte Persönlichkeit. Aufgrund eines glücklichen Zufalls ist genau diese Person in Ihrer Wohnung zu Gast. Sie beobachten nun, dass diese Person – aus einem unerklärlichen Grunde – genau das Gleiche tut wie das Kind. Was sagen Sie zu der Person, die Sie so respektieren und schätzen?

Können Sie sich vorstellen, wenn Sie sich das nächste Mal über ein Kind ärgern, mit ihm genauso umzugehen wie mit der von Ihnen ganz besonders geschätzten Person?

Ich habe mir vorgestellt, Gandhi kommt zu Besuch, als ich diese Übung selber ausprobieren wollte. Stellen Sie sich vor, Ihr Kind wäre Gandhi! Gandhi war leider nicht wirklich geeignet für das, was dann bei uns passiert ist. Mein jüngster Sohn hatte sich die Haare im Waschbecken gewaschen, und es war anschließend mit seinen Haaren übersät. Auch wenn ich mich ein bisschen anstrengen musste, um mir den glatzköpfigen Gandhi in dieser Situation vorzustellen, hat mir die Übung viel gebracht.

Sie hat mir deutlich gezeigt, dass wir in unserer Kultur eine Person sehr schnell entmenschlichen, wenn wir sie in die Schublade „Kind" stecken. Es gibt im Zusammenhang mit dieser Schublade viele Denkweisen, die es uns schwer machen, Eltern zu sein. Zum Beispiel die verbreitete Auffassung, dass Eltern für das Verhalten von Kindern verantwortlich sind. Das heißt, dass ich dafür sorgen muss, dass mein Kind sich „benimmt". Das ist nicht nur destruktiv, sondern auch zum Scheitern verurteilt, denn es ist schlichtweg unmöglich: Man kann das Verhalten einer anderen Person nicht kontrollieren.

Als Mutter oder Vater bin doch für das Wohlergehen des Kindes verantwortlich, und da gibt es doch viele Situationen, in denen ich eingreifen muss, denn es ist doch auch meine Verantwortung, dass dem Kind nichts passiert.
Es ist hilfreich, sich einen grundlegenden Unterschied klar zu machen: das Verhalten einer Person kann ich nicht kontrollieren, aber ich kann die Umstände kontrollieren. Wenn ich zum Beispiel ein kleines Kind habe, das noch nichts über Elektrizität weiß und sich von den Steckdosen angezogen fühlt, dann kann ich sagen: „Nein, das darfst du nicht anfassen", ich kann das hundert Mal sagen, aber das Kind kann und wird trotzdem tun, was es will. Ich kann allerdings die Umgebung verändern; ich kann etwas tun, damit das Kind nicht an die Steckdosen kommt, oder ich kann es nehmen und woanders hinbringen, wenn ich sehe, dass es sich in Gefahr begibt. Dann ist es mein Bedürfnis, das Kind zu schützen. Aber ich würde das auch für andere Menschen tun, die nicht meine Sprache sprechen und sich nicht mit Elektrizität auskennen, egal wie alt sie sind.

Was ich damit sagen will, ist: Warum sollte ich einen Menschen anders behandeln als andere, nur weil es zwischen uns Unterschiede in Bezug auf das Alter, auf die Sprache und den Wissensstand gibt?

Ein Kind ist also in Ihren Augen ein Mensch, der in eine fremde Welt geworfen wird. Dann habe ich doch eine immense Verantwortung als Erwachsener, dem Kind zu zeigen, wie das Leben funktioniert?
Ja, Sie sind für Ihr eigenes Verhalten verantwortlich, aber Sie sind nicht für das Handeln des Kindes verantwortlich. Sie können sich fragen: Lebe ich eigentlich die Werte, die ich meinem Kind mit auf den Weg geben möchte? Das können Sie selbst bestimmen. Aber Sie haben keine Kontrolle darüber, wie sich das Kind verhält.

Wie ist es mit Regeln, die für das soziale Verhalten gelten? Ist es nicht wichtig, wenn man mit Kindern zusammenlebt, dass Kinder diese Regeln kennen und respektieren?
Was sind das für Regeln, die man unbedingt braucht?

Ich denke da an ganz grundsätzliche Regeln des familiären Zusammenlebens: dass es regelmäßige Rituale gibt, dass es zum Beispiel jeden Tag zu einer bestimmten Uhrzeit Essen gibt und sich alle Familienmitglieder an diese Zeit halten.
Okay, wenn Sie das eine Regel nennen wollen. Ich würde es ein Bedürfnis nennen.

Wenn ich für mehrere Leute ein Essen koche, dann kostet mich das viel Zeit und Energie und dann möchte ich, dass die Leute da sind, um es zu genießen. Also frage ich sie: „Seid ihr bereit um 19.00 Uhr da zu sein?" Wer würde da nicht kommen? Jemand kocht ein Essen für Sie, würden Sie sich nicht freuen? Es kann natürlich immer sein, dass irgendetwas dazwischen kommt, das Sie davon abhält, rechtzeitig da zu sein. Sie würden sich doch sicher Verständnis wünschen, egal ob Sie sechs oder 36 sind, oder?

Wozu brauchen wir also eine Regel, die sagt: Entweder du bist pünktlich zum Abendessen da, oder du gehst ohne Essen ins Bett? Warum würden wir so etwas tun wollen, ich finde das ziemlich grausam.

Was ist mit dieser pädagogischen Weisheit: Kinder brauchen Grenzen?
Ja, das höre ich oft: „Man muss doch Kindern Grenzen setzen." Ja, natürlich, es ist wichtig, gegenüber anderen Menschen Grenzen zu setzen; das ist aber nichts, was speziell für Kinder gilt. Wenn ich mich durch das Verhalten einer Person in meinen Bedürfnissen eingeschränkt fühle und nicht weiß, wie ich mit dieser Person kommunizieren kann, dann sage ich der Person, was ich tun werde, um für mich zu sorgen. Wenn mein Nachbar zum Beispiel etwas tut, was mein Bedürfnis nach Ruhe und Entspannung stört, und ich rede mit ihm und er verhält sich weiter so, dann sage ich zu ihm: „Wenn das so weiter geht, dann werde ich Folgendes tun." Manchmal setzen wir Menschen gegenüber Grenzen, um uns zu schützen oder um Bedürfnisse zu erfüllen, die für uns in dem jeweiligen Moment wichtiger sind. Aber all das hat nichts mit dem Alter des betreffenden Menschen zu tun.

Ich glaube, dass die Erziehung in unserer Kultur bis heute von dem Gedanken beeinflusst ist, dass Bedürfnisse unterdrückt oder zumindest kontrolliert werden müssen. Wann und wodurch verlernen Kinder ihre Bedürfnisse?

Je jünger ein Mensch ist, desto besser ist er mit seinen Bedürfnissen verbunden. Irgendwann haben wir alle mal eine perfekte Gefühls- und Bedürfnissprache beherrscht, so ungefähr bis zum Alter von einem Jahr. Als ich drei Monate alt war und hungrig nachts aufgewacht bin, da habe ich *nicht* zu meinen Eltern gesagt: „Heh, wie könnt ihr hier einfach so schlafen, merkt ihr gar nicht, dass ich seit vier Stunden nichts zu essen gekriegt habe? Los, bewegt eure faulen Hintern und füttert mich." Ich wäre nicht hier, wenn ich das gesagt hätte, weil ich verhungert wäre. Wer hat schon Lust, mitten in der Nacht aufzustehen, um jemanden zu füttern, der ihn kritisiert? Wir haben diese destruktive Kommunikationsweise erst gelernt, als wir älter geworden sind. Aber es geht schon sehr früh los, nämlich sobald ein Kind das erste Mal hört: „Das ist gut, das schlecht." Von da an geht es nicht mehr darum herauszufinden, was seine Bedürfnisse sind, sondern wie es beurteilt wird. Der Verstand des Menschen wird so geformt, dass er die ganze Zeit darüber nachdenkt, was andere Menschen über ihn denken, wie sie sein Verhalten beurteilen. Besonders dann, wenn dieses Kind mit Eltern zusammenlebt, die Bestrafung und Belohnung als Erziehungsmittel einsetzen.

Dass Bestrafung schädliche Folgen hat, sehe ich ein. Aber Belohnung? Lernen Kinder nicht über Belohnung? Ist das nicht etwas Schönes, wenn man eine Belohnung bekommt?

Das Problematische an Belohnung ist, dass sie mit Liebe und Zuwendung verwechselt wird und dann macht sie abhängig. Dann tun wir alles, um Belohnungen, Lob und Komplimente zu bekommen, und das ist in meinen Augen gefährlicher als Bestrafung. Und diese Abhängigkeit macht aus einem Menschen eine nette Person. Nett und tot.

Ich würde weder Belohnung noch Strafe als pädagogisches Mittel einsetzen, beide gehören zum gleichen System. Zu einem System, in dem Recht und Gerechtigkeit durch Vergeltung hergestellt wird. Es basiert auf der Vorstellung von „verdienen", davon, dass jemand, der gut ist, es verdient hat, belohnt zu werden, und wer schlecht ist, es verdient hat, bestraft zu werden. Es ist dieses Denk- und Rechtssystem, zu dem Belohnung und Bestrafung gehören, und es ist dieses System, das mir Sorgen macht.

Aber richtet Bestrafung nicht mehr Schaden an, weil sie ein Kind, einen Menschen, demütigt?
Ich verstehe, was Sie meinen. Ich mag es nicht, wenn Menschen andere bestrafen, aber ich glaube, es ist auf einer anderen Ebene nicht so zerstörerisch wie Belohnung. Ich finde, es gibt kaum etwas Gewalttätigeres, als zu sagen: „Ich liebe dich, wenn du dein Zimmer aufräumst", denn es zerstört die Schönheit von Liebe, indem es sie an Bedingungen knüpft.

Ich glaube, es ist gar nicht so einfach, auf Belohnung zu verzichten, besonders für Eltern. Und oft ist es doch auch mit echter Freude verbunden, wenn Eltern zu ihren Kindern sagen, das hast du toll gemacht.
Wenn ich sage: „das hast du toll gemacht", dann tue ich so, als würde ich wissen, wann etwas toll ist und wann es nicht so toll ist. Dann benutze ich Wolfssprache, um meine Freude oder Dankbarkeit auszudrücken. Ich würde als Elternteil mehr davon haben und das Kind würde klarer spüren, was ich meine, wenn ich ihm sagen würde, wie ich mich damit fühle, was das Kind gemacht hat und welche Bedürfnisse es erfüllt. Das würde ich mit jedem Menschen so machen, aber ich denke, für Kinder ist es besonders wichtig, nicht mit dem Bild aufzuwachsen, dass Erwachsene wissen, wann sie etwas gut gemacht haben und wann nicht und dass sie danach bewertet werden, in welchem Maß das, was sie tun, als gut, richtig oder toll beurteilt wird.

Und wenn mein Wert davon abhängig ist, ob mich jemand lobt, dann ist mein Selbstwert gleich null. Dann gebe ich all meine Macht in die Hände von anderen.

Als mir zum ersten Mal bewusst wurde, wie gefährlich Belohnung ist, waren meine Kinder noch ziemlich klein, und ich habe mich gefragt, ob ich eigentlich selber frei davon bin, Dinge zu sagen wie „Ich habe dich lieb, wenn …" Und um das zu überprüfen, habe ich meinen dreijährigen Sohn gefragt: „Hey, Brad, warum hat der Papa dich lieb?" „Weil ich nicht mehr in die Windeln mache?" Mich erfasste eine tiefe Traurigkeit – ich hatte also selber dieses

Denksystem weitergegeben, mit Sätzen wie „Was für ein guter Junge, er macht sein Geschäft in die Toilette." Also habe ich zu meinem Sohn gesagt: „Naja, ich schätze das sehr, wenn du das tust, aber das ist nicht der Grund, warum ich dich lieb habe." Er sagte: „Weil ich das Essen nicht mehr auf den Boden schmeiße?" Wir hatten kurz vorher eine Auseinandersetzung gehabt darüber, was man mit Essen macht, das man nicht essen möchte. Und ich sagte: „Ich schätze es auch, wenn du das Essen auf dem Teller lässt, aber das ist doch nicht der Grund, warum ich dich lieb habe." Da fiel ihm nichts mehr ein. Er wurde sehr nachdenklich und fragte: „Papa, warum hast du mich lieb?" Ich dachte, warum lässt du dich eigentlich mit einem Dreijährigen auf eine Diskussion über bedingungslose Liebe ein? Und ich habe ihm geantwortet: „Naja, ich liebe dich halt einfach, ich liebe dich, weil du du bist." Und er hat es verstanden. Das Konzept ist bei ihm angekommen. Die wunderschöne Idee, dass du nicht dafür geliebt wirst, was du tust, sondern dafür, wer du bist. Ihm gefiel das, seine Augen leuchteten: „Papa, dann hast du mich lieb, weil ich ich bin?" Und ich sagte: „Ja, genau." In den nächsten zwei Tagen hat er mich beinahe in den Wahnsinn getrieben. Er kam alle zehn Minuten angerannt: „Papa? Du hast mich lieb, weil ich ich bin!"

Sie meinen, wenn man über so etwas wie bedingungslose Liebe mit einem Dreijährigen sprechen kann, dann kann man auch mit ihm über seine Bedürfnisse sprechen?

Das kann man, egal, wie alt ein Mensch ist. Es kann sein, dass ein Kind mit drei Jahren noch nicht die Vokabeln hat, die wir Erwachsenen haben, und dann hilft es, wenn wir wissen, wie die Bedürfnissprache von Dreijährigen funktioniert, so lange bis sich ihr Vokabular weiterentwickelt. Wir benutzen Worte wie „richtig" und „falsch" mit Dreijährigen, das ist viel abstrakter und schwieriger als Bedürfnissprache. Wenn mein Kind sagt: „Nein, das mache ich nicht", dann frage ich nicht: „Ist dein Bedürfnis nach Autonomie nicht erfüllt?", sondern „Willst du das machen, wenn du es entscheidest und nicht, wenn ich es dir sage?" „Ja." Ich passe meine Sprache der Situation an und dem Vokabular, das die Person, mit der ich spreche, zur Verfügung hat.

Aber besteht nicht auch die Gefahr, ein Kind zu überfordern, wenn man mit ihm über seine Bedürfnisse diskutiert? Geben wir Kindern dann nicht mehr Verantwortung, als sie übernehmen können?
Diese Frage hat mich auch beschäftigt, besonders als ich angefangen habe, in pädagogischen Kontexten zu arbeiten. Denn plötzlich ging es nicht mehr nur um das Leben meiner eigenen Kinder, das ich mit meinen Ideen vermasseln würde.

Also habe ich mir ein Spiel überlegt, um zu testen, wie viel Verantwortung Kinder tragen können. Ich habe meine eigenen Kinder als Versuchskaninchen genommen, um herauszufinden, bis zu welchem Ausmaß sie mit Entscheidungen umgehen konnten. Wir haben das Spiel das „Chef-Spiel" genannt, und es ging so: Jeden Tag war eines der drei Kinder der Chef, immer abwechselnd. Also ich war der Oberchef, aber gleich danach kam der Chef. In Situationen, in denen ich normalerweise für die Kinder entschieden hätte, habe ich diese Entscheidungen dem Chef übergeben, und wenn ich ihm diese Entscheidung übergeben hatte, galt die Entscheidung des Chefs, egal, ob ich sie mochte oder nicht. Es war seine Entscheidung und ich habe sie akzeptiert. Die Kinder liebten dieses Spiel und ich auch.

Ich gebe Ihnen ein Beispiel um zu beschreiben, wie die Kinder bei diesem Spiel gelernt haben, mit Entscheidungen umzugehen. Einmal, als wir das Chef-Spiel gespielt haben, bin ich mit den Kindern zu einer Reinigung gegangen, um Kleider abzuholen, und die Frau hinterm Tresen nahm drei Bonbons aus der Schublade und wollte jedem Kind eins geben. Ich dachte, das ist eine perfekte Chef-Angelegenheit und habe ihr gesagt: „Würden Sie die Bonbons bitte dem Chef überreichen?" Sie hatte keine Ahnung, wen ich meinte. An diesem Tag war Brad der Chef, er war drei Jahre alt. Er streckte seine Hand aus und nahm die Bonbons entgegen. Und ich sagte: „Chef, du entscheidest, was mit den Bonbons passiert."

Wie grausam!
Ja, das dachte ich auch. Kann man das einem Dreijährigen antun? Ich sehe ihn noch vor mir, es war eine echte Herausforderung. Er stand da und hat angestrengt nachgedacht. Und das mit seiner Schwester und seinem Bruder, die ungeduldig neben ihm standen

und warteten. Und nach reiflicher Überlegung hat er einen Bonbon seiner Schwester und einen seinem Bruder gegeben.

Hatte er da nicht vielleicht schon von außen gelernt, dass man immer alles mit den Geschwistern teilen soll?
Ich glaube nicht, denn eine Woche zuvor gab es eine ähnliche Situation, und er hat alle drei Bonbons allein aufgegessen. Und Sie können sich vielleicht vorstellen, was am nächsten Tag passiert ist, als er nicht mehr der Chef war? Die Kinder haben durch dieses Spiel mit rasender Geschwindigkeit etwas Grundsätzliches über Bedürfnisse und Entscheidungen gelernt. Und ich auch. Wenn ich ein momentanes Bedürfnis habe, das mich entscheiden lässt, alle Bonbons selber aufzuessen, dann leidet ein anderes Bedürfnis, in diesem Fall, das Bedürfnis nach Kooperation und Kameradschaft.

Sind Sie sicher, dass er nicht aus dem Bedürfnis nach Sicherheit gehandelt hat? Aus Angst, Ärger mit seinen Geschwistern zu bekommen?
Ich denke eher, dass er, als er die Bonbons selber gegessen hat, deutlich gespürt hat, dass seine Geschwister nicht besonders glücklich waren. Das kann ein Dreijähriger perfekt verstehen: Wenn du deine Bedürfnisse auf Kosten anderer stillst, dann ist es nicht unbedingt eine Freude, mit den Menschen zusammen zu sein, die sich etwas anderes gewünscht hätten.

Ich habe natürlich Situationen genommen, von denen ich glaubte, dass die Kinder damit umgehen können. Und auch wenn es manchmal schwierige Entscheidungen waren, schienen sie das nicht als Belastung zu empfinden, denn sonst hätten wir dieses Spiel nicht so lange gespielt.

Heißt das, dass Kinder lernen müssen, dass es zwar okay ist, Bedürfnisse zu haben, aber dass sie sich nicht immer alle Bedürfnisse erfüllen können?
Wieso nicht? Es ist nicht immer so einfach, sich alle Bedürfnisse zu erfüllen, aber ich glaube fest daran, dass es möglich ist.

Brad hätte eine Chance gehabt, alle seine Bedürfnisse erfüllt zu bekommen, wenn er zu seinen Geschwistern gesagt hätte: „Ich würde so gerne alle drei Bonbons probieren, das wäre das Größte für mich, wie findet Ihr das?" Dann hätten die anderen beiden vielleicht gesagt: „Ja, aber wir hatten gehofft, dass wir auch einen kriegen." Und wenn er gesagt hätte: „Aber ich bin erst drei Jahre alt und ich würde so gerne mal wissen, wie unterschiedlich diese Bonbons schmecken, würde euch das wirklich so viel ausmachen?" Und es kann sein, dass sie Freude daran gehabt hätten, wenn er alle drei Bonbons gegessen hätte. Oder er hätte ihre Bedürfnisse gehört und gemerkt, dass es sich gut anfühlt, die Bonbons mit den anderen zu teilen.

Das Problem ist nicht, dass wir nicht immer alle unsere Bedürfnisse erfüllen können, sondern dass wir nicht wissen, wie das geht. Wir haben oft feste Vorstellungen im Kopf und denken: „So will ich es, nur so kann ich glücklich werden", das heißt, wir verwechseln ständig unsere Wünsche und Strategien mit unseren Bedürfnissen. Dann kann es natürlich nicht funktionieren.

Ich habe immer noch ein Frage zum Thema Verantwortung und Entscheidungen. Es gibt diese klassische Situation, die ich schon oft mit Kindern erlebt habe: Das Kind ist müde, und wenn ich frage: „Was willst du, willst du schlafen?", dann sagt es „Nein!!" und scheint mir aber eigentlich überfordert zu sein.

Damit habe ich auch experimentiert. Wir hatten dieses Thema jeden Abend: Wann ist es Zeit, ins Bett zu gehen? Die Kinder waren zu diesem Zeitpunkt fünf, sechs und neun Jahre alt. Ich hatte eine Zeit festgelegt, wann alle im Bett sein mussten, und es war ein ewiger Kampf, weil sie nie ins Bett gehen wollten, wenn ich es wollte. Zu der Zeit habe ich mit den Ärzten und Ärztinnen einer Universitätsklinik gearbeitet. Und einer der Ärzte sagte zu mir: „Eines der größten Gesundheitsprobleme, mit dem wir gerade zu kämpfen haben, sind die 18-jährigen Studienanfänger, die frisch von zu Hause hier an die Klinik kommen. Ihr Leben lang haben ihnen ihre Eltern gesagt, wann sie ins Bett gehen sollen, und jetzt genießen sie ihre Freiheit und bleiben die halbe Nacht auf, und weil sie nicht gewohnt sind, auf ihren Körper zu hören, bekommen sie nicht genug Schlaf, und dann werden sie krank."

Ich dachte: Warum in Gottes Namen bestimme ich die Schlafenszeiten für meine Kinder? Warum kann ich nicht darauf vertrauen, dass ihre Körper ihnen sagen, wann sie Schlaf brauchen? Ich will nicht die Verantwortung für ihr Leben übernehmen, sodass sie krank werden, wenn ich mal nicht da bin und ihnen sage, wann sie ins Bett gehen sollen. Und dann habe ich mich gefragt: Warum bestehe ich dann darauf, dass sie zu einer bestimmten Uhrzeit ins Bett gehen? Ich mache mir um ihre Gesundheit Sorgen. Ist das der Grund? Und dann dämmerte mir, dass es gar nicht die körperliche Gesundheit der Kinder war, um die es mir ging, sondern meine psychische Gesundheit. Ich brauchte einfach meine Ruhe am Ende des Tages. Aber das war es nicht, was ich den Kinder erzählte, ich redete ihnen ein: „Ich weiß, was gut für euch ist." Also habe ich mich mit den Kinder zusammengesetzt und gesagt: „Wir müssen noch mal über dieses Schlafenszeiten-Thema reden. Ich glaube, ich war mir bisher noch nicht wirklich klar darüber, warum ich möchte, dass ihr die Schlafenszeiten einhaltet. Kennt ihr das Gefühl, dass ihr einfach mal für euch sein wollt, dass ihr niemanden um euch herum haben wollt?" Ich musste das nicht lange erklären, sie wussten, was ich meinte. „Und weil ich dieses Bedürfnis nach Zeit für mich habe, will ich, dass ihr um acht im Bett liegt." Auch das konnten sie verstehen. Rick, mein ältester Sohn, sagte: „Aber Papa, wir sind ganz oft überhaupt nicht müde und dann macht es keinen Spaß, ins Bett zu gehen." Das fand ich einleuchtend. Und dann hatte meine Tochter Marla eine großartige Idee, sie war sechs Jahre alt zu der Zeit, und sie schlug vor: „Was hältst du davon, wenn wir um acht Uhr in unsere Zimmer gehen, wir gehen schlafen, wann wir wollen, und du hast Zeit für dich?" Ich fand die Idee gut, und wir haben beschlossen, es so zu machen. Um acht sind alle freiwillig in ihre Zimmer gegangen, sie hatten verstanden, dass ich Zeit für mich brauchte, ich musste ihnen nicht mehr sagen: „Jetzt ist Schlafenszeit." Und solange ich sie nicht sehen, hören oder riechen konnte, war es ihre Sache, wann sie ins Bett gehen würden. Am ersten Abend der neuen Regelung hörte ich meinen jüngsten Sohn Brad bis spät in die Nacht in seinem Zimmer rumoren. Am nächsten Morgen war er extrem grummelig, weil er kaum geschlafen hatte, so dass ich mir auf die Zunge beißen musste, um nicht zu sagen: „Siehst du, ich hab' doch gesagt, dass du genügend Schlaf brauchst." Aber sein Körper hat es ihm gesagt, und er konnte es spüren. Und es hat nur ein paar Nächte gedauert, bis er von sich aus früher ins Bett ging. Er ist bis zum heutigen Tag einer, der früh schlafen geht. Und von diesem Tag an war das Thema Schlafenszeiten erledigt. Die Kinder haben selber dafür gesorgt, dass sie genug Schlaf bekamen, und ich hatte abends meine Ruhe und meinen Frieden.

Sie meinen also, es ist nicht nur die Aufgabe der Erwachsenen, die Bedürfnisse der Kinder ernst zu nehmen, sondern Kinder können auch die Bedürfnisse von Erwachsenen verstehen?
Ja, ich finde, dass es sehr wichtig für Kinder ist, dass wir ihnen die Chance geben, die Bedürfnisse der Erwachsenen zu verstehen. Ich erzähle Ihnen noch eine Geschichte dazu: Ich bin eines Abends nach Hause gekommen und hatte gerade den ganzen Tag damit verbracht, zwischen weißen Polizisten und einer schwarzen Straßengang zu vermitteln. Kurz zuvor waren zwei Gangmitglieder und ein Polizist in Straßengefechten getötet worden. Also können Sie sich vorstellen, dass es ziemlich heftig zuging, als die Gangmitglieder und die Polizisten zusammen kamen. Nach drei Tagen Mediation bin ich nach Hause gefahren und war so fertig mit den Nerven, dass ich nie wieder in meinem Leben in einen Konflikt verwickelt sein wollte. Als ich die Haustür aufmachte, stieß ich auf eine wild streitende Kinderhorde. Also habe ich geschrien, aber ich habe in Gewaltfreier Kommunikation geschrien: „Hey, ich bin total erschöpft, und ich habe echt die Nase voll, was Konflikte angeht, ich habe gerade drei Tage mit Leuten und ihren Konflikten verbracht. Seid ihr bereit, euren Streit später auszutragen, so dass ich eine Stunde meine Ruhe habe?" Die Kinder haben aufgehört, und mein ältester Sohn hat mich angeguckt und gesagt: „Willst du darüber reden?"

Und da habe ich bei mir gedacht: „Wie süß!", und habe in dem Moment gar nicht realisiert, was ich da mit ihm mache. Ich habe ihn in die Schublade „Kind" gesteckt und nicht als ernst zu nehmenden Menschen gesehen, der mir ein Hilfsangebot macht. Aber dann habe ich zum Glück gemerkt, was gerade passiert war, mir ist die Ironie bewusst geworden, die darin lag: Ich hatte gerade dasselbe gemacht wie die Leute, die an den Rassenkonflikten beteiligt waren. Sie hatten in denen, die sie bekämpften, nicht die Menschen gesehen, sondern Schwarze und Weiße. Und sobald du jemanden in so eine Schublade steckst, denkst du in Stereotypen und siehst ihn nicht mehr als Individuum.

Also habe ich das Angebot meines Sohnes dankbar angenommen und gesagt: „Ja, ich würde gerne darüber reden." Und dann sind die drei mir ins Wohnzimmer gefolgt und haben wirklich empathisch zugehört, als ich ihnen erzählt habe, wie schmerzhaft es ist, zu sehen, wenn Menschen sich aufgrund ihrer Hautfarbe verletzen und umbringen. Danach ging es mir viel besser.

Kinder wollen, so wie jeder andere Mensch auch, verstehen, was in ihren Mitmenschen vorgeht. Wenn es darum geht, Kindern Verantwortung beizubringen, dann sagen Eltern oft zu ihren Kindern: „Du musst eine Aufgabe im Haushalt übernehmen." Egal, welche Aufgabe Eltern ihren Kindern mit dieser Haltung übertragen, diese werden sie, *wenn* sie es tun, mit einer fürchterlich widerwilligen Energie erledigen. Warum erklären Eltern ihren Kindern nicht, dass sie das Bedürfnis nach Hilfe und Unterstützung haben?

Wie würden Sie dieses Bedürfnis einem Kind oder Jugendlichen gegenüber ausdrücken, damit eine gute Chance besteht, dass er oder sie etwas wirklich freiwillig tut?

„Welchen Beitrag würdest du gerne leisten?" An der Stelle der Eltern würde ich eine Liste mit den Tätigkeiten machen, die zu machen sind, und allen Familienmitgliedern erklären, warum diese verschiedenen Tätigkeiten wichtig sind, und dann würde ich alle, inklusive mich selbst, bitten: „Such dir eine Sache aus, die du gerne tun würdest, wenn du siehst, dass du damit zum Wohlergehen der Familie beiträgst." Ich hätte nicht gedacht, dass es so gut funktionieren würde, als ich es das erste Mal mit verschiedenen Familien ausprobiert habe.

Sie sagten zuvor, dass Eltern nicht für das Verhalten ihrer Kinder verantwortlich sind. Wie ist das mit dem Thema Schule? Was ist, wenn ein Kind nicht zur Schule gehen will? Eltern sind doch dafür verantwortlich, dass ihr Kind zur Schule geht? Sie sind sogar gesetzlich dazu verpflichtet.

Es kann trotzdem beschließen, nicht zu gehen. Und das ist seine Entscheidung.

Selbst wenn das Gesetz sagt: „Du musst", muss das Kind nicht gehen. Denn welche Regel auch immer Sie mir nennen, jeder Mensch kann beschließen, sie nicht zu befolgen. Zu sagen: Gesetze müssen befolgt werden, ist eine Verzerrung der Tatsachen. Die Menschen, die das Gesetz erlassen haben, möchten, dass es befolgt wird.

In Bezug auf Schule finde ich diese Differenzierung besonders wichtig. Ich habe in den USA einmal in einer Schule gearbeitet, wo die Rate unentschuldigter Abwesenheit bei 30 Prozent lag. Fast ein Drittel der Schüler und Schülerinnen sind einfach nicht zur Schule gekommen. Und da sagt der Schuldirektor doch tatsächlich zu mir: „Das Gesetz sagt, dass alle Jugendlichen bis zum 16. Lebensjahr schulpflichtig sind. Sie müssen zur Schule kommen, sie haben keine Wahl", während 30 Prozent der Schüler täglich demonstrierten, *dass* sie eine Wahl haben. In der ersten Pause kam einer der Lehrer zu mir und sagte: „Wollen Sie etwas Lustiges und Tragisches erleben? Kommen Sie morgen früh um neun Uhr. Da sagt der Schuldirektor durch den Lautsprecher: „‚Das Gesetz sagt, ihr müsst zur Schule kommen, bis ihr 16 seid.' Aber die 30 Prozent, denen es gilt, können es nicht hören, weil sie nicht da sind."

Ich würde niemals jemandem beibringen, dass er Regeln befolgen muss; im Gegenteil, ich würde sagen: „Befolge niemals eine Regel, wenn du nicht den lebensdienlichen Sinn und Zweck dieser Regel siehst."

Theoretisch bin ich ganz Ihrer Meinung. Aber lassen Sie uns ein Beispiel anschauen. Eine Freundin von mir hat einen Sohn, der ständig die Schule schwänzt. Was bleibt ihr denn anderes übrig als zu sagen, du musst zur Schule gehen? Was kann sie denn tun, um ihn dazu zu bringen, dass er geht?

Warum erzählt sie ihm nicht die Wahrheit? Dass sie gerne möchte, dass er zur Schule geht und dass sie Angst vor den Folgen hat, wenn er nicht geht.

Er weiß ja, dass er nicht gehen muss. Wenn man aber immer sagt „du musst", dann setzt sich dieses „du musst" im Kopf eines Menschen fest, und dann kann er nicht mehr kreativ sein, kann kein Bewusstsein für all die Möglichkeiten, die er in seinem Leben hat, entwickeln.

Ich behaupte, dass er zur Schule gehen wird – freiwillig, wenn sie ihm Einfühlung dafür gibt, warum er nicht gehen will. Was ist los mit ihm, wenn er sagt: „Ich will nicht in die Schule gehen!" Wir könnten ihm Einfühlung geben.

Ich bin in der Rolle des Jungen. Sie sind die Mutter. Ich will nicht in die Schule gehen. Wie alt bin ich?

Fünfzehn.
Okay. Wo fangen wir an? Was sagen Sie zu mir, um das Gespräch zu beginnen?

„Dein Lehrer hat mich angerufen, weil du gestern nicht in der Schule warst. Du hast mir aber erzählt, dass du gehst."
Darauf würde ich erst mal gar nichts sagen. Ich bin ein intelligenter Fünfzehnjähriger. Ich weiß: Antworte niemals auf solche Fragen ohne einen Anwalt. Aber auch das ist eine klare Botschaft, wenn man sie empathisch hört.

„Was hast du denn gemacht, als du nicht zur Schule gegangen bist?"
„Ich hab bis zwei Uhr im Bett gelegen."

„Du hast überhaupt keine Lust zur Schule zu gehen, oder?"
„Die bringen uns doch nur Müll bei, das interessiert mich alles nicht. Wofür soll das denn überhaupt gut sein?"

„Das heißt, du würdest lieber Dinge lernen, die dir was bringen fürs Leben?"
„Ja. Es ist total langweilig."

„Welche Fächer sind es denn, die du nicht magst?"
„Alle."

„Und was interessiert dich?"
Gehen Sie nicht zu schnell zur Lösung. Ich bin gerade erst warm geworden. Oft sagt die Person, der wir Einfühlung geben, schon am Anfang etwas, was sehr zentral ist, aber wir sind noch nicht auf dem Level an Verbundenheit, haben noch nicht die Tiefe der Einfühlung

erreicht, die nötig ist, um sie wirklich zu verstehen. Deshalb ist Langsamkeit sehr wichtig. Lassen Sie sich ganz viel Zeit, bevor Sie die empathische Verbindung verlassen, um auf die Lösungsebene zu gehen.

„Dann interessiert dich das, was du da lernen sollst, gar nicht. Und dann hast du auch keine Lust, ständig von den Lehrern vorgeworfen zu bekommen, du seist desinteressiert und faul?“
„Ja, das nervt mich total, wie die mit einem reden.“

„Du würdest gerne ernst genommen werden von den Lehrern?“
„Die reden mit einem, als wären wir der letzte Dreck, wenn man mal seine Hausaufgaben nicht hat. Und dann kommandieren sie einen die ganze Zeit herum, das ist wie im Gefängnis.“

„Würdest du gerne mehr selber entscheiden, was du machen willst und wann?“
„Ja, ich weiß nicht. Ich weiß ja auch, dass ich was tun sollte für die Schule. Glaubst du, ich krieg nicht mit, dass du dir die ganze Zeit Sorgen machst? Ich will auch nicht, dass ihr wegen mir Stress habt.“

„Hast du mir deshalb nicht gesagt, dass du zu Hause bleibst?“
Das ist keine Empathie. Bei dieser Frage geht es eher um zusätzliche Informationen, als darum, sich mit dem zu verbinden, was ich gesagt habe.

Wir kommen der Sache schon näher. Wenn Sie solche Fragen stellen, dann werde ich abgelenkt von dem, was in mir vorgeht. Bleiben Sie immer bei dem, was in der Person lebendig ist.

„Das hört sich an, als würdest du dir selber Sorgen machen darüber, wie das mit der Schule läuft. Wie ist das dann, wenn du morgens aufstehst, um zur Schule zu gehen? Kommt dann der ganze Frust hoch und die Unlust, so dass du überhaupt nicht gehen willst?“
„Ich sag mir dann immer, ich sollte gehen, und dass ich mir Ärger einhandle und ihr euch stresst wegen mir. Und dann fühl ich mich erst recht beschissen und dann will ich überhaupt nichts mehr mit der Schule zu tun haben.“

(Pause)

„Und dann denke ich wieder, ich brauch' diesen blöden Abschluss und halbwegs gute Noten."

(Pause)

„Aber was wir da lernen, ist echt nur Müll."

„Heißt das, dass du schon Lust hättest zu lernen, aber nicht so, wie es in der Schule von dir erwartet wird?"
„Ja, aber ich muss das Zeug doch lernen, sonst komme ich da ja nie raus. Und manche Sachen kapier' ich einfach nicht."

„Würde es dir besser gehen, wenn du mehr Zeit hättest, um die Sachen zu lernen, die ihr da macht?"
„Nee, die Zeit ist nicht das Problem, bei manchen Sachen bin ich einfach zu blöd."

„Brauchst du Unterstützung, können wir dir mit irgendwas helfen?"
„Nee, weiß nicht."

Für Lösungen ist es immer noch zu früh, denn es unterbricht den Fluss meiner Gefühle. Ich bin durch unseren Dialog an einen ganz tiefen Punkt gekommen, und das Lösungsangebot hat mich wieder aus der Verbindung mit diesem Ort in mir gebracht.

Und selbst wenn Sie die perfekte Lösung vor Augen und lauter hilfreiche Ratschläge im Kopf haben: Zählen Sie bis eine Million, bevor Sie ihm irgendwelche Vorschläge machen, und fragen Sie vorher, ob er sie hören will.

„Das klingt, als würden dich eine Menge Zweifel quälen, als wüsstest du da im Moment gar nicht weiter. Ist das so?"
„Ja, irgendwie schon. Und dann denke ich immer, ihr seid total enttäuscht. Mein Bruder hat sich nicht so blöd angestellt."

(Pause)

„Der hat seinen Schulabschluss gemacht und hatte auch noch gute Noten."

„Du hättest also gerne, dass du erfolgreicher bist, so wie dein Bruder, und dass wir auch stolz auf dich sind?"
Das ist ein Wunsch, und der führt uns in die Zukunft. Empathie fin-

det in der Gegenwart statt. Wir unterbrechen den Fluss der einfühlenden Verbindung jedes Mal, wenn wir aus der Präsenz gehen, wenn wir weg von dem, was jetzt ist, in die Zukunft oder zu Lösungen gehen.

„Dann bis du also auch deprimiert, weil du gerne erfolgreich wärst?"
„Ja, aber ich bin der Loser in der Familie, und ihr müsst euch die ganze Zeit Sorgen um mich machen, und dann weiß ich nicht, wie ich das überhaupt ändern kann, und dann habe ich erst recht keine Lust auf Schule."

„Das klingt, als wäre das wie ein Teufelskreis für dich."
„Ja."

„Und du bist ganz hilflos, weil du nicht weißt, wie du da raus kommen sollst?"
„Ja."

„Du bräuchtest mehr Zuversicht und Selbstbewusstsein, um entspannter in die Schule zu gehen, oder?"
„Ja."

Okay, meine Prognose ist, wenn wir noch eine Weile auf diese Weise verbunden sind, dann werde ich zur Schule gehen.

Es gibt immer einen guten Grund, einen starken inneren Konflikt, der jemanden wie diesen Jungen davon abhält, in die Schule zu gehen – und wir waren sehr nah dran. Wenn Mutter und Sohn darüber in einer einfühlenden Verbindung bleiben, ist es nur eine Frage der Zeit. Dann müssen wir gar nichts mehr tun, und die Lösung findet uns – schneller, als wir denken.

Das mit der Empathie ist nicht so einfach. Es entspricht so gar nicht dem gewohnten Gesprächsverhalten. Mir scheint, selbst wenn wir es gut meinen und verstehen wollen, was in der anderen Person vor sich geht, sind wir oft ganz hilflos.

Ich merke immer wieder, dass es besonders die Gedanken und Erklärungen sind, die nebenher im Kopf ablaufen, die einen selbst aus der Verbindung werfen. Was mache ich, wenn ich den Kontakt zu meinem Gegenüber verloren habe?

Sie haben ja gesehen, dass die Verbindung für einen Moment unterbrochen und dann wieder aufgenommen werden kann. Wenn Sie den anderen für einen Moment verlieren, macht das nichts, denn der Schmerz geht deshalb ja nicht weg. Lösungsvorschläge, Ausflüge in die Zukunft oder in die Vergangenheit bremsen den Prozess, aber Sie haben jederzeit die Chance zurückzugehen und sich wieder mit den Gefühlen und Bedürfnissen Ihres Gegenübers zu verbinden. Sie müssen nicht perfekt sein. Das Wichtigste bei der Empathie ist: Präsenz und Langsamkeit. Und: Die Gefühle und Bedürfnisse meines Gegenübers reflektieren und nicht seine Gedanken.

Was ich allerdings allen Eltern von Herzen wünsche, ist, dass sie selber Einfühlung bekommen, bevor sie so ein Gespräch führen.

Ich frage mich, welche Mutter und welcher Vater die Einfühlung bekommt, die er bzw. sie bräuchte, für all den Stress, den sie haben.
Die wenigsten. Ich wünschte mir, es gäbe mehr Unterstützung für Eltern. Sie haben wirklich einen schweren Job, es ist wie eine eigene professionelle Tätigkeit, die nicht als solche anerkannt wird. Und deshalb haben sich bisher kaum Strukturen etabliert, durch die Eltern die Unterstützung bekommen, die sie bräuchten. Ich meine, in jedem anderen Beruf hat man wenigstens ab und zu eine Pause. Wann haben Eltern mal eine Pause?

Und solange wir selber Angst haben und uns Sorgen machen, ist es verdammt schwer, die Ängste eines Jugendlichen, der nicht zur Schule gehen will, zu hören, und ihm Empathie zu geben.

Und solange *er* Forderungen hört und Druck von außen spürt – und dazu gehört alles, was ihm signalisiert, dass er keine Wahl hat –, verstärkt das seine Haltung und blockiert Veränderung. Wenn er aber Einfühlung bekommt, kann er sich wieder öffnen für die Möglichkeiten, die er hat. Das heißt nicht, dass er Schule plötzlich ganz toll findet, aber er wird in die Schule gehen.

Was macht Sie da so sicher?
Ich habe ein Buch[19] über genau dieses Thema geschrieben und habe darin untersucht, was die Gründe sind, wenn Kinder nicht lernen wollen. Ich hatte viel Gelegenheit, mit Kindern und Jugendlichen zu reden, die sich geweigert haben, zur Schule zu gehen. Und die Eltern

haben sich immer gewundert, dass sich etwas veränderte in den Kindern, nachdem ich mit ihnen geredet hatte. Sie haben mich gefragt: „Was haben Sie ihm erzählt, dass sich die Meinung meines Kindes über Schule geändert hat?"

Man hatte ihnen immer wieder die schlimmsten Visionen ausgemalt, Katastrophen, die eintreten würden, wenn sie nicht zur Schule gehen würden. Und selbst das hat sie nicht dazu gebracht. Und wenn ich ihnen Einfühlung gegeben habe, haben sie selber entschieden zu gehen. Meistens zumindest. Es gab auch Fälle, in denen es einfach sinnvoll war, nicht zur Schule zu gehen. Mein jüngster Sohn war so ein Fall. Er hat sich damals entschieden, nicht mehr zur Schule zu gehen, und ich finde, das war eine gute Entscheidung.

Ihr Sohn ist nicht zur Schule gegangen? Wieso nicht? Geht das überhaupt?

Also, es gibt die Schulpflicht, es gibt ein Gesetz, das sagt, Jugendliche müssen bis zu ihrem 16. Lebensjahr in die Schule gehen.

Es war aber so, dass Brad überhaupt nicht gern in die Schule gegangen ist. Ein Grund war das Schulsystem an sich: So wie er unterrichtet wurde, hat er einfach nicht gerne gelernt. Er hat sich gelangweilt in der Schule, ich glaube, das war das Schlimmste für ihn. Aber es gab auch noch einen anderen Grund. Ich war mit meiner Familie zehn Jahre zuvor in einen so genannten kulturell integrierten Stadtteil gezogen, ich wollte nicht in einer rein weißen, sondern in einer multikulturellen Nachbarschaft leben.

Als wir dort hin gezogen sind, lebten dort 50 Prozent Weiße und 50 Prozent Schwarze. Aber zu dem Zeitpunkt, zu dem mein jüngster Sohn auf die weiterführende Schule ging – er war 12 –, da war er der einzige weiße Schüler in der Klasse.

Bei den Versuchen, Orte kultureller Integration zu schaffen, gab es immer wieder ähnliche Entwicklungen, irgendwann haben dort nur noch Schwarze gelebt, weil alle Weißen weggezogen waren. Zumindest war es so in dem Stadtteil, in dem ich gelebt habe. Und der einzige Weiße in seiner Klasse zu sein war für meinen jüngsten Sohn nicht einfach, er hat viel von der Wut der Schwarzen abbekommen, die sich als Minderheit diskriminiert sahen.

Ich habe mitbekommen, wie schwer es ihm fiel, in die Schule zu gehen, und wir haben viel darüber gesprochen. Es war kein Problem für mich, ihm Einfühlung dafür zu geben. Ich konnte ihn wirklich verstehen und sehen, dass er vermutlich mehr vom Leben haben könnte, wenn er nicht zur Schule gehen würde. Ich habe ihm die rechtliche Lage erklärt und ihm meine Sorgen und Ängste mitgeteilt, über die Konsequenzen, die das für ihn haben würde, wenn er nicht mehr zur Schule gehen würde. Er hat auch ganz klar die Gefahren gesehen, die eine solche Entscheidung birgt, und er war bereit, es trotzdem zu riskieren. Der nächste Schritt war, gemeinsam vor Gericht zu erscheinen. Als wir im Auto saßen, um dorthin zu fahren, habe ich zu ihm gesagt: „Ich glaube, das wird nicht so einfach, und es wird dir helfen, wenn du auch die Position des Richters nachvollziehen kannst: Er versteht es als seine Aufgabe, Kinder und Jugendliche zu schützen und deshalb ist es wichtig, dass du ihn nicht als Feind siehst." Und Brad hat sich wirklich gut gehalten. Er hat sich respektvoll dem Richter gegenüber verhalten und ihm erklärt, dass er den Eindruck hat, dass er mehr außerhalb der Schule lernen könnte, dass er von dem Unterricht, den er bekam, nicht profitieren würde. Und ich konnte sehen, wie irritiert der arme Richter darüber war, dass Brad nicht rebellierte. Er war es gewohnt, mit Jugendlichen zu tun zu haben, die entweder das waren, was man „verhaltensgestört" nennt, oder straffällig. Mit denen konnte er umgehen, er hat sie einfach in entsprechende Institutionen und Programme für „verhaltensgestörte" oder straffällige Jugendlich überwiesen. Und Brad passte weder in die eine noch in die andere Kategorie. Schließlich fragte mich der Richter: „Und er hat Ihr Einverständnis, nicht mehr in die Schule zu gehen?" „Ja, das hat er." Daraufhin hat er uns entlassen mit den Worten: „Wenn Sie das Leben Ihres Sohnes ruinieren wollen und dafür vollste Verantwortung übernehmen, dann befreie ich ihn hiermit von der Schulpflicht."

So kam es, dass Brad nicht mehr in die Schule gegangen ist. Und die nächsten zehn Jahre waren nicht einfach für mich, ich habe mir sehr viel Sorgen um ihn gemacht.

Sie hatten Zweifel, ob Sie als Vater die richtige Entscheidung getroffen hatten?

Ja, meine inneren Wölfe sind regelmäßig über mich hergefallen, und sie haben viel Unterstützung darin bekommen von Familieangehörigen, die sagten: „Eines Tages wirst du es bereuen. Er muss zur Schule gehen. Wie kannst du das dulden? Aus seinem Leben kann ja nichts werden, und du bist Schuld!" Und es war tatsächlich beängstigend, denn ich hatte keine Ahnung, was er mit seinem Leben anstellen würde.

Das glaube ich. Und gleichzeitig stelle ich mir vor, wie bestätigend es für Ihren Sohn gewesen sein muss, einen Vater zu haben, der ihn in dieser Sache ernst nimmt und unterstützt.
Ja, das war sehr wichtig für ihn. Er hatte viel mit dem Bild zu kämpfen, das andere von ihm hatten: dass er ein schwieriges, aufsässiges Kind sei. Besonders von Seiten seiner Mutter. Meine Frau und ich lebten zu dieser Zeit in Trennung, und sie hatte ihn rausgeschmissen, weil die beiden nicht miteinander klar kamen. Dann ist er zu mir gezogen, und wir kamen gut miteinander aus. Das hat sie und andere aus der Familie noch mehr gegen mich aufgebracht, weil sie dachten, ich sei nicht streng genug mit ihm. Ich war da selber oft unsicher. Und trotzdem habe ich nicht getan, was mir von allen Seiten geraten wurde: „Er braucht einen Tritt in den Hintern und jemanden, der ihm sagt, wo es lang geht." Ich habe ihn machen lassen.

Und wie ging es weiter mit ihm?
Er war 14, als er aufhörte, zur Schule zu gehen. Er hat viel Zeit damit verbracht Musik zu hören, er hat sich meine Gitarre genommen und angefangen, damit ein bisschen rumzuspielen. Also habe ich ihn gefragt: „Willst du Gitarre lernen? Du könntest Musikunterricht nehmen." „Papa, lass mich. Unterricht ist nicht mein Ding." Innerhalb kurzer Zeit hat er ziemlich gut Gitarre gespielt und bald darauf fing er an, in einer Band mitzuspielen und verdiente – nicht viel, aber immerhin ein bisschen – Geld damit. Er hat eine Menge gelernt in dieser Zeit, in der er nicht zur Schule gegangen ist. Ich habe mir trotzdem noch Sorgen um seine Zukunft gemacht. Als er 24 Jahre alt war, hatte er schon viel von der Welt gesehen, und als er sah, dass sein älterer Bruder sich sein Geld mit Englischunterricht im Ausland verdiente, wollte er das auch machen. Aber dazu musste er

vorher aufs College gehen. Man kann in Amerika den Highschool-Abschluss nachholen, man macht den so genannten Highschool-Equivalenz-Test, und wenn man diesen Test besteht, dann kann man anschließend studieren.

Also hat er diesen Test gemacht und dann – es war schon lustig, zuerst wollte er nicht in die Schule und dann wollte er gar nicht mehr aufhören – hat er 13 Jahre an der Universität studiert und schließlich als promovierter Romanist abgeschlossen. Und er arbeitet heute als Dozent an der Universität. Ich bin sehr glücklich darüber, welchen Verlauf sein Leben für ihn genommen hat. Aber die ersten zehn Jahre waren für mich auch immer wieder sehr beängstigend.

Gewaltfreie Kommunikation in der Schule

„Lehren heißt, den Schülern Lust aufs Reisen zu machen."

Sie haben die Gewaltfreie Kommunikation von Anfang an sehr stark in Schulen eingebracht und Menschen dazu inspiriert und dabei unterstützt, Schulen zu gründen, die radikal von der Pädagogik des herkömmlichen Schulsystems abweichen und auf den Grundsätzen der Gewaltfreien Kommunikation aufbauen. Mittlerweile gibt es in 50 Ländern auf der Welt so genannte Giraffenschulen. Wie kann ich mir so eine Giraffenschule vorstellen?

Ich bin sehr dankbar dafür, dass ich die Chance hatte, diese Schulen zu gründen und zu sehen, dass sie funktionieren. In diesen Schulen, die offiziell „Life-Serving-Schools", informell Giraffenschulen genannt werden, gibt es das Wort „muss" nicht. Die Lehrer bestimmen nicht, was die Schüler lernen müssen oder sollten. Als Lehrer oder Lehrerin in einer Giraffenschule biete ich den Schülern an, was ich für sinnvoll und wertvoll halte, aber ich möchte, dass die Schüler dieses Angebot nur dann annehmen, wenn sie sehen können, dass es ihr Leben bereichert. Alles, was im Klassenraum passiert, basiert auf Freiwilligkeit. Keiner soll irgendetwas lernen, um dafür gute Noten zu bekommen oder Lob. Die einzige Motivation der Schüler ist, dass sie sehen, dass das, was sie lernen, ihr Leben bereichert.

John Holt[20] hat in den 50er-Jahren das beste Buch über Erziehung geschrieben, das ich gelesen habe. Er sagt darin: „Würden wir Kindern das Sprechen beibringen, dann würden sie es nie lernen." Verstehen Sie, was er meint? In meiner Arbeit erfahre ich jeden Tag aufs Neue, wie wahr dieser Satz ist.

Und ich sehe dreijährige Kinder, die perfekt deutsch sprechen. Sogar Schweizerdeutsch. Ich meine, das grenzt doch an ein Wunder!

Es ist das Natürlichste auf der Welt, zu lernen und uns weiterzuentwickeln, bis zu dem Moment, wo jemand kommt und uns dazu zwingt. Wie soll es dann noch Freude machen? Wenn ich also in der Rolle des Lehrenden bin, dann bin ich mir bewusst, dass man niemandem etwas beibringen kann und dass es gefährlich ist, wenn man es trotzdem versucht. Ich kann ein Angebot machen; ob die Schüler es annehmen oder nicht, liegt nicht in meiner Macht. Schon mit diesem Wort „Lehrer" habe ich Schwierigkeiten. Wenn ich in dieser Rolle bin, dann sehe ich mich viel eher als „Anbieter". Ich habe etwas anzubieten, was mir sehr wertvoll erscheint. Und wenn eine Gruppe von Sechsjährigen jeden Tag zu mir käme – sie alle haben schon mal Bücher gesehen und andere Menschen, die darin lesen –, dann würde es mich sehr wundern, wenn sie nicht brennend daran interessiert wären, das auch zu lernen. Mir ging es zumindest damals so. Ich war sehr ungeduldig. Bevor ich in die Schule kam, hat mein Großvater mir manchmal vorgelesen, aber er wollte nicht so oft, wie ich wollte. Also habe ich ihn so lange genervt, bis er mir gezeigt hat, wie Lesen geht, und so konnte ich es schon, als ich in die Schule kam.

Ich benutze oft dieses Bild: Lehren ist so ähnlich wie Reiseveranstalter zu sein. Für mich heißt Lehren, den Schülern Lust aufs Reisen zu machen.

Reiseveranstalter bieten dir verschiedene Reiseziele an, sie können dir auch etwas empfehlen oder dich beraten, aber sie sagen dir nicht, wo du hinfahren sollst.

Reiseveranstalter erwarten von ihren Kunden weder, dass sie alle zusammen fahren noch dass sie an den gleichen Ort fahren. Und:

Reiseveranstalter vermitteln die Reise und kümmern sich um das Organisatorische, aber sie fahren nicht mit.

Verschiedene Reiseziele? Wie ist das realisierbar mit einer Gruppe von 30 Schülern?
In den regulären Schulen, in denen ich oft arbeite, sind Lehrer wie Milchflaschen und die Schüler wie leere Gläser, die in einer Reihe aufgestellt sind. Unterrichten ist: die Milch in die Gläser gießen. Wenn die Prüfung kommt, dann schütten die Gläser die Milch wieder in die Milchflasche, und am Ende haben wir 30 dreckige leere Gläser und eine Milchflasche voll mit ausgekotzter Milch.

Um Ihre Frage zu beantworten: Ja, bei solch einem Modell ist es schwierig, wenn ein Schüler Probleme macht und 29 andere warten, bis der Lehrer oder die Lehrerin es gelöst hat.

Deshalb spreche ich von dem Lehrer als Reiseveranstalter, von den unterschiedlichen Zielen und davon, dass der Lehrer nicht mit auf die Reise geht. Auf die Situation im Klassenraum übertragen sieht das folgendermaßen aus: Ich war vor kurzem in einer Giraffenschule in Israel, die Schüler waren so um die 12 Jahre alt. Die Lehrerin war in einer Ecke des Raumes und hat mit zwei Schülern und einer Schülerin gearbeitet, die individuelle Unterstützung zu brauchen schienen. Die restlichen Schüler waren in Vierer- und Fünfergruppen im Raum verteilt. Ich habe mich bei einem dieser Tische dazugesetzt. Da saß ein Mädchen, das einem Jungen kurz etwas erklärte, ihm dann eine Übung gab und sich anschließend zu einem anderen Mädchen umdrehte, die *ihr* wiederum irgendeinen Stoff vermittelte. Alle waren auf irgendeine Weise eingebunden. Das heißt: Als Lehrer schaffe ich den Rahmen zum Lernen, aber es muss nicht immer durch mich passieren. Studien zeigen immer wieder, dass Schüler, die gerade etwas gelernt haben, die besten Lehrer sind. Kinder lernen das Meiste von anderen Kindern. Wenn Schule so organisiert ist, dann kann der Lehrer sich mit einigen wenigen beschäftigen, ohne dass die anderen warten.

Und wenn es Konflikte gibt?
Dann lösen die Schüler das untereinander, denn sie haben alle gelernt, bei Konflikten zu vermitteln.

Ich habe mal beobachtet, wie zwei Jungen, die waren vielleicht zehn Jahre alt, Streit miteinander hatten. Sie haben also um die Unterstützung eines Mediators gebeten. Ein anderer Junge war Mediator, also Konfliktvermittler des Tages, sie hatten in dieser Klasse so ein System, in dem die Schüler sich jeden Tag neu freiwillig für diesen Job melden konnten.

Sie gehen in eine Ecke des Raumes, es ist die Mediationsecke, und der Mediator gibt dem einen Jungen eine Giraffenhandpuppe und dem anderen ein paar Giraffenohren. Der, der die Giraffenpuppe hat, darf zuerst sprechen und der, der die Ohren hat, hört einfühlend zu. Dann sagt der Mediator zu dem Jungen: „Beobachtung?" Der Junge sagt: „Er hat mich auf dem Schulhof geschubst und er hatte überhaupt keinen Grund und ..." Der Mediator hält mit einer Hand eine Wolfshandpuppe, und als der Junge sagt „und er hatte überhaupt keinen Grund", macht er das Maul des Wolfes auf und zu. Der Junge versteht sofort, was er meint und sagt: „Er hat mich geschubst, und ich bin hingefallen." „Gefühle?" „Ich fühle mich verletzt." „Bedürfnisse?" „Ich will mit Respekt behandelt werden." „Bitte?" „Ich will wissen, warum du das gemacht hast." Der andere Junge wiederholt alle vier Schritte, *Beobachtung, Gefühle, Bedürfnisse* und *Bitte*, denn er hat die Giraffenohren. „Als ich dich geschubst habe, bist du hingefallen. Du fühlst dich verletzt, weil du mit Respekt behandelt werden willst. Und du willst wissen, warum ich das gemacht habe." Der Mediator fragt den Jungen, der erzählt hat: „Fühlst du dich verstanden?" „Ja." „Tauschen." Jetzt kriegt der andere Junge die Giraffenpuppe und erzählt die Geschichte aus seiner Sicht. Die drei haben den Konflikt in kürzester Zeit gelöst. Der Mediator fragt beide: „Wie geht's euch jetzt?" Und einer der beiden Jungen sagt: „Gut. Er ist mein Freund, und ich wollte nicht auf ihn sauer sein, und jetzt ist es wieder okay." Das war's, und die Jungs gehen wieder an ihre Plätze.

Wie überprüfen die Lehrer in Giraffenschulen, ob die Schüler gelernt haben, was sie ihnen angeboten haben?
Dafür gibt es Tests. Aber diese Tests machen keine Angst, weil sie nicht dafür konzipiert sind, die Schüler zu prüfen, ob die Schüler auch den Stoff gelernt haben, den sie lernen sollten. Die Tests sind

für die Lehrer, damit sie Feedback für ihren Unterricht bekommen. Und sie werden nicht am Ende einer Lernphase gemacht, sondern am Anfang, damit die Lehrer wissen, was die Schüler noch brauchen und was als Nächstes kommt.

Wenn ich in meinen Workshops Übungen mache, in denen die Leute versuchen, die Gewaltfreie Kommunikation anzuwenden, dann sind diese Übungen wie Tests in der Giraffenschule. Ich erfahre dadurch, ob die Teilnehmenden schon wissen, wie es geht. Und wenn sie es nicht wissen, dann bewerte ich sie nicht, ich gebe ihnen keine Noten, sondern ich weiß, dass sie noch mehr Erklärungen brauchen. Das ist mein Job. Lehren heißt, den Leuten das zu geben, wofür sie gekommen sind. Dann ist Lernen etwas, was Freude macht.

Und wenn ich nun Lehrerin in einer regulären Schule bin, was kann ich da überhaupt tun? Dann würde ich sagen: „Aber ich muss Noten geben."

Und ich würde Ihnen antworten: „Können Sie die Frage noch mal ohne ‚muss' stellen?"

„Das Schulsystem, in dem ich unterrichte, funktioniert mit Noten. Und weil ich meinen Job eigentlich mag und behalten will und auch die Sicherheit meines monatlichen Gehaltes sehr schätze, habe ich entschieden, in diesem Schulsystem zu unterrichten, auch wenn ich die Schüler durch Notengebung bewerte."

„Sie würden also gerne wissen, wie Sie das Unterrichten an einer Schule genießen können, in der Noten gegeben werden?"

„Ja."

Sie können den Schülern Folgendes sagen: „Noten sind völlig irrelevant. Es gibt Studien, die beweisen, dass die Schüler, die am wenigsten lernen, die besten Noten bekommen, weil sie alles schon vorher wussten. Es sind die Schüler, die aus privilegierten Familien kommen, in denen Bildung einen hohen Stellenwert hat. Sie bringen schon viel Wissen mit, und wenn man misst, was diese Schüler innerhalb eines Schuljahres dazulernen, dann ist es bei ihnen am wenigsten. Schulen versuchen mit aller Macht, dieses System zu erhalten. Also lasst uns dieses Spiel nicht mitspielen, lasst uns für jeden Schüler anhand seines Wissensstandes ein individuelles Lernpensum festlegen. Und dann vergeben wir die beste Note an diejenigen, die ihr gesamtes Pensum lernen. Wir überlegen uns, wieviel Wissen ihr jeweils braucht, um eine bestimmte Note zu bekommen und dann sucht euch aus, welche Note ihr haben wollt, und lernt so lange, bis ihr sie habt."

Und Sie meinen, das würde funktionieren?
Eine Lehrerin in den USA, an deren Schule ich Trainings gegeben habe, hat es ausprobiert. Sie hat mit den Schülern individuell die Lerninhalte festgelegt und gesagt, wofür es welche Noten gibt. Das erste Trimester beginnt dort im September und geht bis Januar. Und diese arme Lehrerin hat mich im Oktober angerufen und gesagt: „100 Prozent der Schüler haben 100 Prozent des vorgesehenen Stoffes für dieses Trimester erreicht, was mache ich jetzt? Wir haben noch zwei Monate vor uns."

Wenn Schüler genau wissen, was der Wert dessen ist, was sie lernen und wie sie selber einteilen und bestimmen können, was sie lernen und welches Level sie erreichen wollen, dann werden Sie als Lehrerin Probleme haben, die Schüler vom Lernen abzuhalten.

Ich habe auch mal eine Zeit lang in einem College gearbeitet, in dem die Überzeugung herrschte, dass die Lehrenden den Studierenden Noten geben müssen. Aber ich habe keine gegeben. Ich weiß noch genau, wie der Direktor zu mir kam und sagte: „Dr. Rosenberg, Sie haben Ihre Noten noch nicht eingereicht. Die Frist für die Noten ist schon vor drei Tagen abgelaufen." Ich sagte: „Ich habe mich entschieden, keine Noten zu geben." „Aber Sie müssen Noten geben!" „Ich habe mich entschieden, *keine* Noten zu geben." „Aber Sie *müssen* Noten geben." Es muss irgendein akustisches Problem zwischen uns gegeben haben.

Ich habe also keine Noten gegeben. Ich habe es dem Direktor ganz genau erklärt, ich habe ihm dargelegt, dass Noten das intrinsische, also das aus einer inneren Motivation kommende Lernverhalten der Studierenden blockiert. Und dass ich will, dass die Studierenden lernen, weil sie den Wert dessen sehen, was ich Ihnen vermittele und nicht, um dafür eine Note zu bekommen. Dann habe ich noch darauf hingewiesen, dass in diesem College 50 Prozent der Studierenden schwarz waren und dass die Durchfallquote dieser schwarzen Studierenden bei 80 Prozent lag und dass ich nicht an einem System teilhaben wollte, in dem Menschen aufgrund ihrer Hautfarbe benachteiligt sind.

Aber ich bin auch auf den Direktor zugegangen und habe gesagt, dass ich einsehe, dass er irgendeine Art von Auswertung bezüglich der Ergebnisse meiner Kurse braucht. Also habe ich ihm gesagt: „Damit Sie auch sehen können, dass ich meinen Job gemacht habe, gebe ich Ihnen am Ende des Semesters eine Dokumentation dessen, was jeder Studierende am Anfang des Semesters konnte und was am Ende. Das ist weitaus aussagekräftiger als eine Note. In der Dokumentation wird ersichtlich, wie weit sich der Wissensstand der Studierenden jeweils erhöht hat, und wenn Sie möchten, können Sie das Ganze in Noten umrechnen. Auch wenn es für mich keinen Sinn macht, neben dem Namen eines Studierenden eine Note stehen zu haben. Denn wenn zwei verschiedene Lehrer einem Studierenden dieselbe Note geben, wissen Sie dann etwas darüber, was diese Person gelernt hat? Also ich biete Ihnen an, Ihnen mehr Informationen zu geben, aber keine Noten."

Und? Sind Sie damit durchgekommen?

Sie haben einen anderen Grund gefunden, um mich rauszuschmeißen.

Sie hatten was gegen meine Freunde. Ich habe ein paar von den Zulus eingeladen, Mitglieder einer schwarzen Straßengang. Sie konnten meinen Studierenden eine Menge beibringen, denn die waren dabei, sich zu Lehrern ausbilden zu lassen und viele von ihnen planten, nach dem Studium in den armen Stadtteilen zu unterrichten. Und die Zulus konnten ihnen erzählen, wie es ist, wenn man in diesen Stadtteilen aufwächst, und wie es ist, wenn man von der Schule geschmissen wird. Die Studierenden fanden diese Begegnungen sehr hilfreich und wertvoll, aber in den Augen des Direktors und der Leute um ihn herum war das völlig unprofessionell.

Sie gehen davon aus, dass jeder Mensch von Natur aus neugierig ist und lernen will. Man braucht ja trotzdem – auch in Giraffenschulen –

Regeln und Vereinbarungen, um einen gewissen Rahmen zu schaffen, innerhalb dessen Lernen stattfinden kann. Wie kann man Regeln auf gewaltfreie Weise aufstellen und dafür sorgen, dass sie eingehalten werden?
In Giraffenschulen werden die Regeln und Vereinbarungen von den Lehrern und Schülern gemeinsam festgelegt. Und die Basis ist die *schützende* Anwendung von Macht, nicht die strafende Anwendung von Macht. Das heißt, Regeln sind dazu da, alle Beteiligten in ihren Interessen und Bedürfnissen zu unterstützen. Und wenn jemand etwas tut, was nicht im Einklang mit den Bedürfnissen der anderen ist, dann entscheiden alle gemeinsam: Was können wir tun, damit die Bedürfnisse aller berücksichtigt werden?

Heißt das auch, dass die Schüler in einer Giraffenschule völlig frei sind zu entscheiden, ob sie kommen wollen oder nicht?
Diese Freiheit hat jeder Schüler, egal in welcher Schule. Aber in einer Giraffenschule hat es andere Konsequenzen, wenn Schüler nicht zur Schule kommen: Ich hoffe, in einer Giraffenschule würde der Lehrer oder die Lehrerin herausfinden wollen, welches Bedürfnis hinter dem Nicht-Kommen steckt.

Sie sagten, die Lehrer in einer Giraffenschule bieten den Kindern etwas an, und die Schüler entscheiden, ob sie das interessant und bereichernd finden oder nicht. Da stellt sich mir die Frage, ob Schüler das immer so einschätzen können, was sie im Leben brauchen, was wertvoll ist und was nicht. Wenn ich zum Beispiel als Lehrerin die Schüler fragen würde: „Wollt ihr Shakespeare lesen oder Comics?“, dann würden die Schüler vermutlich sagen: „Comics, das macht viel mehr Spaß!“
Wenn Sie als Lehrerin einer Giraffenschule der Ansicht wären, dass Shakespeare Ihr Leben mehr bereichert als Comics, dann würden Sie den Schülern zeigen, warum Sie das finden. Und warum sollten die Schüler nicht beschließen, Shakespeare lesen zu wollen, wenn sie sehen, dass ihr Leben dadurch reicher wird?

Der beste Lehrer, den ich jemals hatte, war mein Englischlehrer in der Highschool, und er hat Shakespeare unterrichtet. Und ich hatte den Kurs nur belegt, weil ich diesen Schein noch brauchte. Es war eine reine Pflichtveranstaltung für mich. Shakespeare hat mich nicht die Bohne interessiert. Und innerhalb von zwei Schulstunden hatte dieser Lehrer mich total neugierig gemacht. Ich wollte plötzlich diese Stücke lesen. Wie er das geschafft hat? Er liebte Shakespeare, und er freute sich unglaublich darüber, seine Faszination und Begeisterung weitergeben zu können. Und er hatte keine Probleme, uns klar zu machen, welche seiner Bedürfnisse durch die Lektüre von Shakespeare genährt wurden. Und so wurde ich zum Shakespeare-Fan.

Darum geht es in der Giraffenschule – die wichtigste Fähigkeit der Lehrer ist, den Schülern den lebensbereichernden Sinn und Zweck dessen, was sie unterrichten, zu vermitteln.

Ich frage mich, wie es möglich ist – im Sinne der Gewaltfreien Kommunikation –, ohne das Konzept von „richtig" und „falsch" zu unterrichten. Ich meine, in bestimmten Fächern mag das eher möglich sein. Aber wie ist das zum Beispiel in Fächern wie Mathematik? Da gibt es doch nun mal Ergebnisse, die entweder richtig sind oder nicht.

Ich habe mal in einer Grundschule als Trainer für Gewaltfreie Kommunikation gearbeitet, und die Lehrer dort konnten sich auch nicht vorstellen, dass man ohne „richtig" und „falsch" unterrichten kann. Also habe ich eine Mathematikklasse übernommen. Die Schüler haben Additionsaufgaben gemacht, und ich bin bei einem siebenjähriger Jungen vorbeigekommen, der gerade geschrieben hatte: 9 plus 6 gleich 14. Also habe ich zu ihm gesagt: „Wie kommst du auf dieses Ergebnis? Bei mir kommt was anderes raus. Kannst du mir zeigen, wie du zu deinem Ergebnis gekommen bist?" Es hätte ja sein können, dass er ein neues System entdeckt hatte, das besser war als das, das ich kannte. Der Junge fing an zu weinen. „Hey, was ist los?", habe ich ihn gefragt. „Ich habe es falsch gemacht." Sehen Sie? Obwohl ich gar keine Bewertung in meiner Sprache hatte, war sein Denken schon in Kategorien von „richtig" und „falsch" programmiert. Und er war erst sieben Jahre alt, und Schule hat ihm bereits Angst gemacht.

Für die Lehrer war es hilfreich, das mal von außen zu sehen und sie wollten lernen, was man sagen kann anstelle von richtig und falsch, gut und schlecht. Ich meine, das Letzte, was ich Schülern beibringen wollte, ist, dass ich als Lehrer weiß, was richtig und was falsch ist. Ich würde – unabhängig vom Fach – sagen: „So mache ich es, und ich erkläre euch, warum ich es so mache. Es gibt Standards, auf die sich die Menschen geeinigt haben, und es ist hilfreich, sich daran zu halten, weil die meisten Menschen sie benutzen."

Da Sie Standards erwähnen: Gibt es Daten darüber, welches Niveau Giraffenschulen im Verglich zu regulären Schulen haben?
In Israel gibt es die meisten Giraffenschulen, ungefähr 70. Und es gibt dort an die 1000 Kindergärten, in denen die Kinder mit den Prinzipien der Gewaltfreien Kommunikation aufwachsen. In Israel gibt es eine Studie, die einen Forschungspreis gewonnen hat, und sie belegt, dass in den Giraffenschulen die Gewaltquote um 50 Prozent niedriger ist, als in regulären Schulen und das akademische Niveau höher.

Wie würden Sie Eltern ermutigen, deren Kind auf eine reguläre Schule geht und denen daran gelegen ist, dass ihr Kind zu einem gewaltfreien Menschen heranwächst?
Mein ältester Sohn ist sechs Jahre lang auf eine Giraffenschule gegangen und ist dann, um auf die weiterführende Schule zu gehen, in eine ganz normale staatliche Schule gekommen. Er kam von seinem ersten Schultag nach Hause, und ich sagte: „Hey, Rick, wie ist die neue Schule?". Er sagte: „Naja, ganz okay, aber da gibt's ein paar Lehrer, o Mann." „Was war denn los?" „Ich war noch nicht mal durch die Tür durch, da kommt ein Lehrer angerannt und sagt: ‚Na sieh mal an: ein Mädchen'." Wieso er das gesagt hat? Weil mein Sohn damals lange Haare hatte. Er hatte also schulterlanges Haar, und? Willkommen in der Wolfs-Welt. Die Autoritäten der Wolfswelt wissen immer ganz genau, wie sich alles gehört. Und wie ein Junge auszusehen hat. Und wie nicht. Und was macht man mit einem, der anders ist? Man bringt ihn dazu, sich selber abzulehnen.

Also habe ich meinen Sohn gefragt: „Wie hast du darauf reagiert?" Er sagte: „Ich habe mich daran erinnert, was du gesagt hast: ‚Pass auf, wenn du in einer Wolfs-Institution bist. Wenn du dich ihrer Macht auslieferst, dann hast du nur zwei Möglichkeiten: dich ihren Regeln zu unterwerfen oder gegen sie zu rebellieren. Und auch Rebellion heißt, dass man ihre Macht anerkennt'." Ich sagte zu meinem Sohn: „Das freut mich wirklich, dass du dich in so einer Situation daran erinnern konntest. Wie bist du mit dem Spruch umgegangen?" „Papa, ich habe einfach meine Giraffenohren aufgesetzt und habe versucht zu hören, was in ihm vorging." Ich sagte: „Wirklich? Das wusstest du auch noch? Und? Was hast du gehört?" „Naja, das war doch ziemlich offensichtlich: Er war genervt und wollte, dass ich mir meine Haare schneide." „Ja, wunderbar. Und wie hast *du* dich gefühlt?" „Ich hatte Mitgefühl mit dem Mann. Er hatte eine Glatze und hatte offensichtlich Probleme mit Haaren."

Sehen Sie, dadurch, dass er wusste, wie er mit Giraffenohren durch diese Situation gehen konnte, hat der Lehrer es nicht geschafft, ihn klein zu machen. Und er hat sich im gleichen Moment nicht über den Lehrer lustig gemacht, er hat sich nicht überlegt, was mit diesem Menschen nicht stimmt. Er hat versucht zu sehen, was in dem Herzen dieses Menschen vorgeht.

Und das ist etwas, was ich meinem Kind mitgeben kann, egal, ob es auf eine Giraffenschule geht oder nicht: Wie es seine Integrität behalten kann, egal in welchen Strukturen es sich bewegt.

Die Welt verändern – jetzt!

„Die Liebe zum Leben, die wir in uns spüren, nach außen tragen."

Mit der Gewaltfreien Kommunikation möchten Sie eine einfache Methode anbieten, durch die sich jeder Einzelne mit einer sehr machtvollen Energie verbinden kann – eine Energie, die Sie „göttliche Energie" nennen. Wenn wir diese Energie nutzen würden, hieße das, dass uns jederzeit eine unermessliche Kraft zur Verfügung steht, um Veränderungen anzustoßen. Liegt in diesem Potenzial nicht auch eine riesige Verantwortung?
Ja, Verantwortung ist eine ganz wichtige Komponente. Das gehört zu den Dingen, die am schwierigsten zu vermitteln sind. Wenn wir uns darüber bewusst sind, dass wir alle Teil ein und derselben Energie sind, dass wir also alle eins sind, dann kann keines unserer Be-

dürfnisse jemals erfüllt sein, ohne dass dieses Bedürfnis auch bei allen anderen Menschen erfüllt ist. Das ist sprachlich schwer zu transportieren. Wann immer ich sage, dass ein Bedürfnis von mir erfüllt ist, beziehe ich mich eigentlich nur auf einen Teil: auf mich ganz persönlich. Wenn ich zum Beispiel gegessen habe und sage, ich bin satt, dann meine ich streng genommen: Der Hunger nach Nahrung im Körper von Marshall Rosenberg ist befriedigt. Aber wenn ich alle Menschen auf dieser Welt im Blick habe, ist mein Bedürfnis nach Nahrung noch nie erfüllt worden, in meinem ganzen Leben noch niemals, nicht annähernd. Das spüre ich ganz deutlich. Das heißt nicht, dass ich ein schlechtes Gewissen habe, weil ich gerade etwas Gutes gegessen habe. Es wäre traurig, wenn ich nicht genießen könnte, was mir gegeben wird. Aber ich möchte mir bewusst darüber sein, dass heute Morgen beim Frühstück nur ein Teil meines Bedürfnisses nach Nahrung erfüllt wurde, nur ein ganz kleiner Teil.

Das heißt, wenn Sie essen, sind Sie glücklich, aber im gleichen Moment auch traurig?

Genau so ist es. Ich möchte diese Traurigkeit nie verlieren. Ich möchte beide Gefühle in mir lebendig sein lassen. Ich habe hier in der Schweiz, in Montreux, eine sehr wertvolle Erfahrung gemacht. Eine gute Freundin von mir, durch die ich ursprünglich in die Schweiz gekommen bin, wollte mich mit einem ihrer Bekannten zusammenbringen, einem Hotelbesitzer in Davos, der vor seiner Pensionierung ein berühmter Küchenchef gewesen war. Auf dem Weg nach Montreux kaufte ich im Bahnhof ein französisches Magazin, um mein Französisch ein bisschen wiederzubeleben. Das Cover zeigte die Großaufnahme eines afrikanischen Kindes mit aufgeblähtem Bauch und der Artikel im Magazin berichtete davon, wie viele Kinder in diesem afrikanischen Land verhungern. Ich las das den ganzen Weg nach Montreux, jedes furchtbare Detail, und dann kam ich an und war auf einmal zu Gast bei diesem unglaublich netten und gastfreundlichen Mann, der mir den Ehrenplatz am Esstisch anbot, von wo aus man einen herrlichen Blick auf den Genfer See hatte. Da saß ich nun in diesem Luxusappartement mit meinem Aperitif, schaute auf den Genfer See und hatte in meinem Kopf das Bild dieses afrikanischen Kindes. Ich dachte: Wie kann ich in der gleichen

Welt wie dieses Kind leben und mit ansehen, dass Millionen Kinder wie dieses verhungern? Wie kann ich da so ein extravagantes Diner zu mir nehmen? Das geht doch überhaupt nicht. Und während ich das dachte, strahlte mein Gastgeber eine solch wundervolle Energie aus und freute sich so sehr darüber, all diesen Luxus mit mir teilen zu können, dass plötzlich etwas ganz Erstaunliches passierte: Es war, als ob dieses Kind auf meinem Schoß säße und zu mir sagen würde: „Genieß es! Wenn du es nicht genießt, habe ich auch nichts davon. Deshalb genieße so, dass du mir damit hilfst."

Was ich in diesem Moment verstanden habe, ist: Nähre dich selbst, indem du die Schönheit der Welt genießt, und nutze diese Energie, um Nahrung dorthin zu bringen, wo sie gebraucht wird. Aber pass auf, dass du diesen Gedanken nicht missbrauchst und ihn als Rechtfertigung für ein nettes unbekümmertes Leben nimmst. Nutze die Energie, die du aus dem Reichtum des Lebens schöpfst, um dem Leben zu dienen. Ich erinnere mich täglich daran, auch wenn ich mir nicht wirklich Sorgen mache, dass ich mich in luxuriösen Ausschweifungen verliere.

Da würde ich mir an Ihrer Stelle auch keine Sorgen machen. Ich meine, Ihr Häuschen ist wirklich schön, aber –
Sie finden, das ist kein Luxus hier?! Es ist wirklich schwer, Frauen zu beeindrucken.

Gewaltfreie Kommunikation ist also, wenn man genauer hinsieht, etwas sehr Politisches. Indem wir an uns persönlich arbeiten, schaffen wir die Voraussetzung für einen Wandel auf einer größeren gesellschaftlichen Ebene. Eine Frage, die ich in diesem Zusammenhang oft höre, ist: Wäre es nicht am sinnvollsten, wenn jeder sich auf sein unmittelbares Umfeld konzentrieren würde, wenn ich also in meiner Familie, an meinem Arbeitsplatz oder in der Stadt, in der ich lebe, versuche, gewaltfreies Denken und Handeln zu fördern? Wenn jeder dort, wo er lebt, versucht, gewaltfrei zu agieren, anstatt die ganze Welt verändern zu wollen?
Lassen Sie mich ein Bild benutzen, um diese Frage zu beantworten: Stellen Sie sich vor, Sie kommen an einem Fluss vorbei und sehen ein Baby im Wasser treiben, das gegen das Ertrinken kämpft. Selbstver-

ständlich springen Sie ins Wasser und retten das Kind. Kaum haben Sie es aus dem Wasser gezogen, sehen Sie zwei weitere Babys im Fluss. Also springen Sie wieder rein und ziehen auch diese beiden aus dem Wasser. Dann tauchen plötzlich noch mehr – drei, vier, fünf Babys im Wasser auf. Sie haben Glück und treffen jemanden am Ufer, den Sie um Hilfe bitten können. Wann hören Sie auf, die Babys aus dem Wasser zu ziehen und gehen flussaufwärts, um nachzusehen, wer eigentlich die Babys ins Wasser wirft? Verstehen Sie, was ich meine?

In der Welt, in der wir leben, werden sozusagen ständig Babys ins Wasser geworfen. Wir könnten unser ganzes Leben lang am Flussufer zubringen und würden doch nur einige wenige Babys retten. Wir haben wirtschaftliche Strukturen, in denen täglich 30 000 Menschen auf der Welt verhungern. Was soll man da tun? Soll man in diese Länder gehen und den Menschen vor Ort Nahrungsmittel geben? Oder sollte man lieber Geld spenden? Wenn man ein Baby sieht, das zu ertrinken droht, ist es schwer, es nicht aus dem Fluss zu ziehen. Aber wenn wir an dem Fluss stehen bleiben, dann kommen wir zu nichts anderem mehr. Also die Frage ist doch, wie nutzen wir die begrenzte Energie, die uns zur Verfügung steht, am effektivsten?

Ich begreife es einerseits als unsere Aufgabe, uns selbst und unser persönliches Umfeld von der Gewalt in unserer Sprache und in unserem Denken zu befreien. Und andererseits ist es unsere Aufgabe, die Machtstrukturen zu verändern, die uns überhaupt erst so konditioniert haben und die immerfort das Unglück produzieren, das wir bekämpfen.

Wenn ich das sage, bekomme ich oft zu hören: „Na klar wollen wir die Strukturen verändern, aber das erreichen wir am besten, indem jeder von uns sich persönlich weiterentwickelt, und wenn nur genug Menschen genau das tun, dann werden sich durch die positive Energie, die wir alle ausstrahlen, automatisch die Strukturen verändern. Das sagen Leute, die die letzten zehn Jahre in einem Ashram meditiert haben und daran glauben, allein durch persönliche Weiterentwicklung die Welt zu verändern. Ken Wilber[21] nennt diese Haltung illusorisch, und ich stimme ihm zu. Wenn ich denen das sage und dass ich nicht daran glaube, dass sie damit etwas verändern, werden die meisten ziemlich wütend, trotz der vielen Meditation. Sie werfen mir vor, ich sei anti-spirituell. Das kommt natürlich darauf an, was man unter Spiritualität versteht.

Ich glaube, dass diese Tendenz, sich auf Selbsterfahrung und die persönliche Selbstentfaltung zu konzentrieren, eine Gegenreaktion auf die Generation der 68er ist. Die Überzeugung, dass alles, auch das Private, politisch ist, wurde damals so in ihr Gegenteil pervertiert, dass wenig ehrliche Auseinandersetzung auf der persönlichen und spirituellen Ebene stattfand. Umso emotionaler und moralischer war die kollektive Wut über die Ungerechtigkeit auf der Welt, und es gab klare Gegner: die vermeintlich schuldigen „Bonzen", „Bullen" und „Nazis".

Ja, mit dieser Energie habe ich auch mal angefangen. Ich habe es damals überhaupt nicht gemerkt. Gewaltfreie Kommunikation in die Welt zu bringen, das hieß am Anfang für mich nichts anderes, als das verdammte System zu verändern. Ich war ziemlich wütend, und hinter der Wut lag hauptsächlich Angst. Wenn man aber seine Angst nicht zeigen will, dann wirkt man zwangsläufig aggressiv.

Aggressiver Aktivismus ist also kontraproduktiv für das politische Handeln und friedliches In-sich-Kehren halten Sie für illusorisch. Was schlagen Sie stattdessen vor? Wie kann man erfolgreich gesellschaftliche Strukturen verändern?

Mir geht es darum, das Politische und das Spirituelle zu integrieren. Das heißt, wir handeln aus einer transformierenden Spiritualität heraus, wie Ken Wilber das nennt. Wilber unterscheidet zwischen einer transformativen und einer translativen Spiritualität. Translative Spiritualität nennt Wilber eine spirituelle Praxis, die dir dabei hilft, dir das Leben angenehmer zu machen. Du betest oder meditierst und lernst, Leid auszuhalten, das Leben wertzuschätzen und hinzunehmen, so wie es ist, aber daraus erwächst keine Energie, die die Welt verändern kann. Über Jahrhunderte hinweg war es die Rolle der Kirchen, den Menschen genau diese illusionäre Spiritualität einzuflößen, damit sie nicht gegen die Herrschaftsverhältnisse aufbegehren würden.

Im Gegensatz dazu steht die transformative Spiritualität. Sie bedeutet, dass wir erst an uns selber arbeiten, damit unsere politische Arbeit nicht aus der gleichen Energie heraus entsteht wie die Strukturen, die Gewalt hervorbringen. Wir brauchen ein anderes Bewusstsein, um etwas Positives bewirken zu können. Wenn wir diejenigen zu Feindbildern machen, die an der Spitze der Organisationen stehen, die – um das Bild von vorhin wieder aufzugreifen – verantwortlich für das Ertrinken der Babys sind, dann machen wir mit großer Wahrscheinlichkeit alles nur noch schlimmer. Aber die transformative Spiritualität gibt uns eine ganz andere Art von Energie. Es ist eine Energie, bei der wir die Liebe zum Leben, die wir in uns spüren, weitergeben und nach außen tragen.

Es gibt noch einen anderen Aspekt, den es einzubeziehen gilt, wenn wir soziale und politische Veränderungen herbeiführen wollen, das ist die so genannte Verzweiflungsarbeit. Das Konzept stammt von Joanna Macy[22], deren Ansätze zur Friedensarbeit und zu sozialem Wandel ich sehr empfehlen kann. Was ist Verzweiflungsarbeit? Wenn man beobachtet, dass jeden Tag Tausende von Babys ins Wasser geworfen werden, dass unsere Umwelt zerstört wird, dass die Mehrheit der Weltbevölkerung unter schrecklichen Bedingungen lebt, dann überkommt einen leicht die Verzweiflung. Verzweiflung entsteht, wenn wir uns darüber klar werden, was für ein riesiger Berg von Arbeit vor uns liegt. Wenn wir nicht konstruktiv mit dieser Verzweiflung umgehen, dann lähmt sie uns. Deshalb ist es ganz wichtig, dass man nicht allein ist, wenn man an sozialen und politischen Veränderungen mitwirken will, sondern in einer Gemeinschaft. Gewaltfreie Kommunikation ist ein wichtiger Teil in diesem Prozess, denn um Verzweiflung in transformierende Spiritualität umzuwandeln, können sich die Angehörigen einer Gemeinschaft unterstützen, wenn sie sich gegenseitig Empathie für Wut, Verzweiflung und Mutlosigkeit geben.

Wenn ich die Strukturen verändern will, dann ist das erst einmal so abstrakt. Was kann ich denn konkret tun?
Tanzen Sie Giraffentänze mit den verantwortlichen Repräsentanten des Systems, das die Gewalt hervorbringt.

Was ist ein Giraffentanz? Heißt es „Tanz", weil es darum geht, sich empathisch auf mein Gegenüber einzustellen, mal ihm zuzuhören und zu folgen und dann umgekehrt: meine Gefühle und Bedürfnisse mit-

zuteilen? Es ist also nichts Lineares, sondern ein kunstvolles Hin und Her?
Ja. Und tanzen Sie diesen Tanz mit denjenigen, die Einfluss auf die Repräsentanten des Systems haben, das Sie verändern wollen. Wenn Sie unter sozialer und politischer Veränderung die Bekämpfung der Schweinehunde verstehen, dann brauchen Sie Bomben und Gewehre. Aber wenn Sie damit das Transformieren von lebensbedrohlichem in lebenserhaltendes Denken und Handeln meinen, dann sind Giraffentänze der richtige Weg. In dieser Hinsicht ist eine Monarchie wirklich von Vorteil: Man braucht den Giraffentanz nur mit einem einzigen Menschen zu tanzen, und wenn man erfolgreich ist, kann man damit radikale Veränderungen bewirken. Leider ist unser politisches Leben sehr kompliziert, und wir müssen mit weit mehr als nur mit einem Menschen Giraffentänze machen.

Wie kann so ein Giraffentanz mit einem Repräsentanten des zu verändernden Systems aussehen?

Welche Organisation wollen wir verändern? Welche bereitet Ihnen am meisten Albträume?

Alle Organisationen, die für Bildung und Erziehung zuständig sind: Kindergärten, Schulen, Universitäten.
Was ist mit den Organisationen, die die pädagogischen Leitlinien für die Schulen festlegen? Wollen Sie mit Schulen arbeiten oder sich direkt an die Regierung wenden oder an die Wirtschaftswelt, die möglicherweise die Entscheidungen der Regierung beeinflusst? Nun, gehen wir mal davon aus, dass wir Baby-Giraffen sind, und fangen mit dem Schulsystem an. Wie nennt man in Deutschland die Institution, die die Schulpolitik bestimmt?

Kultusministerkonferenz.
Nehmen wir mal an, wir wollen innerhalb des nächsten Jahres mindestens 100 deutsche Schulen in Giraffenschulen verwandeln. Mit welchen Menschen müssten wir also Giraffentänze machen, um das zu erreichen?

Zunächst einmal kann die Gewaltfreie Kommunikation hilfreich sein, um überhaupt erst einmal an diese Leute heranzukommen.

Das Schwierigste ist oft, Kontakt zu den Leute zu bekommen, die Einfluss haben.

Als ich mich für ein alternatives Bildungsprojekt in den USA eingesetzt habe, gab es zum Beispiel eine Gruppe von sieben Leuten in der Schulbehörde und vier von ihnen mussten überzeugt werden, damit die Schule, die wir eingerichtet hatten, überleben würde. Aber das war zunächst gar nicht so einfach. Sie haben mir keinen Termin gegeben, sie haben meine Anrufe nicht beantwortet. Also musste ich erst einmal Zugang zu den Leuten in der Behörde finden, die Zugang zu den sieben entscheidenden Köpfen ganz oben hatten. Und als ich die gefunden hatte, musste ich Giraffentänze mit ihnen machen, um sie dafür zu gewinnen, mich mit ihren Vorgesetzten in Kontakt zu bringen. Schließlich fand ich eine Mitarbeiterin, die bereit war, uns zu unterstützen. Sie kam dann zunächst zu unseren Trainings, um zu lernen, wie sie mit den sieben Obersten kommunizieren musste, um zu erreichen, dass sie mich empfangen würden.

Das heißt, Sie wählen die gleiche Strategie wie bei einer Streetgang, mit der Sie arbeiten wollen: Wenn der Zugang zur Gruppe unmöglich scheint, versuchen Sie, Ausnahmen zu finden, die Ihnen dann Zugang zur Gruppe verschaffen können. Aber warum war es denn so schwierig, Kontakt zu denen von der Schulbehörde zu bekommen?

Sie mochten mich nicht. Schon wegen meines Namens. Einer von ihnen war der Herausgeber der dortigen Lokalzeitung und jedes Mal, wenn ich in die Stadt kam und in einer der Schulen arbeitete, stand das Gleiche in der Zeitung: „Der Jude ist wieder in der Stadt, um unseren Lehrern und Schülern seine pädagogische Gehirnwäsche zu verkaufen." Sie können sich also vorstellen, dass seine Bereitschaft, mich zu treffen, nicht die größte war. Es brauchte zehn Monate harter Arbeit, in denen unsere Verbindungsfrau diesem Mann und seinen Kollegen und Kolleginnen Empathie gab, bis sich dann schließlich alle sieben zu einem Treffen mit mir bereit erklärten – allerdings unter bestimmten Bedingungen. Es sollte nur drei Stunden dauern, und es sollte nicht publik werden, denn die Stadtregierung hatte unter anderem mit einer Kampagne gegen unser Schulprojekt die letzte Wahl gewonnen. Das Treffen rückte also näher, und am Abend vorher bat ich die Gruppe, mit der ich dieses Reformprojekt begründet hatte, mich mit Verzweiflungsarbeit zu unterstützen, denn ich hatte ein paar heftige Feindbilder in meinem Kopf. Meine Wut loszuwerden fiel mir nicht besonders schwer, aber an das Gefühl der Verzweiflung, hinter der Wut ranzukommen, war schon schwieriger. Ich hatte Angst, dass es im Grunde keinen Zweck haben würde, mit diesen Leuten zu reden und unsere ganze Arbeit umsonst war. Dafür gaben die anderen mir Einfühlung, und so konnte ich meine Gesprächspartner am nächsten Tag als Menschen und nicht als Feinde sehen. Das nächste Problem war nun, dass mir nur sehr wenig Zeit zur Verfügung stand. Gewaltfreie Kommunikation kann einem dabei helfen, Gesprächszeit effektiv zu nutzen. Ich benutze den so genannten „Chapalle-Effekt".

Al Chapalle war der Anführer der Streetgang Zulu 1200, mit denen ich in Anti-Rassismus-Projekten zusammengearbeitet habe, als wir uns gemeinsam mit der Gang für ein soziales Projekt engagiert haben, das diejenigen auffangen sollte, die wegen Gewalttätigkeit von der Schule geflogen sind. Wir wollten zeigen, dass diese Schüler lernen wollen, wenn man ihnen ein anderes Schulkonzept anbietet. Wir benötigten 50 000 Dollar für dieses Projekt und haben uns bei einer Stiftung vorgestellt, die Fördergelder für solche Projekte zur Verfügung stellte. Wir hatten nur einen 20-minütigen Termin beim Vorsitzenden der Stiftung, und als Chapalle und ich auf dem Weg dorthin waren, meinte er zu mir: „Lass mich das machen, okay? Fang bloß nich' an mit dieser weißen Masche und belämmer' sie nicht mit diesem ganzen Mist über Schule und Bildung – lass mich einfach machen!" Wir kamen also zu diesem Stiftungspräsidenten, den ich schon von früheren Projekten kannte. Und als ich ihm Chapalle vorstellte, ging Chapalle einfach rüber zu ihm, schüttelte ihm die Hand und sagte: „Hey Bruder, wo ist das Geld?!" Ich hätte ihn umbringen können, ich bin gestorben vor Scham. Meine Strategie war bis dahin immer gewesen, mein Gegenüber erst mal über das Projekt zu informieren. Der Präsident war genauso überrascht wie ich und sagte leicht schockiert: „Ähh, welches Geld?" „Geld für die Spaß-Schule" – so hatten wir unser Projekt genannt. „Spaß-Schule, was ist das für eine Schule?" Fällt Ihnen auf, was passiert ist? Anstatt mit lauter Informationen anzufangen, von denen wir denken, dass unser Gesprächspartner sie braucht, hat Chapalle das Ganze umgekehrt aufgezogen und den Präsidenten fragen lassen, was er an Wissen brauchte, um die Entscheidung über die Förderung des Projektes zu treffen. Wir sind dann tatsächlich mit der Zusage über die 50 000 Dollar dort rausgegangen, und ich hab' dieses Prinzip immer wieder erfolgreich benutzt.

In diesen Schlüsselgesprächen ist es also wichtig, wie man die Zeit gut nutzt. Je weniger Worte man gebraucht, desto höher die Wahrscheinlichkeit, dass man erreicht, was man will. Wenn man sich vor dem Gespräch klarmacht, welche konkrete Bitte man hat, dann merkt man schnell, dass all die vielen Worte, die wir sonst gebrauchen, der Verhandlung nur im Wege stehen.

Und wie ging es mit dem Schulbehörden-Treffen weiter?
Ich bin mit dem Chapalle-Effekt eingestiegen und habe gefragt: Welche Informationen benötigen Sie, um den Fortbestand unseres Schulprojekt zu unterstützen? Die erste Reaktion war: „Wenn Sie unsere Gemeinde unterstützen wollen, dann verschwinden Sie am besten von hier!" Zum Glück hatte ich drei Stunden Verzweiflungsarbeit vom Vorabend hinter mir – und trotzdem wollte ich den, der das gesagt hatte, zirka 20 Sekunden lang umbringen. Aber ich atmete tief durch und blieb im Gespräch. Es gab noch ein weiteres Treffen, bei dem sie dann abgestimmt haben, und es gab eine Mehrheit für die Fortführung unseres Projekts. Daraus ist dann die allererste Giraffenschule auf der ganzen Welt entstanden.

Nach meiner Erfahrung kann man zwar Menschen in Schlüsselpositionen für gute Ideen gewinnen, aber dann scheitern die Projekte am fehlenden Geld.
Soziale und politische Veränderungen können in meinen Augen nur dann funktionieren, wenn wir in unserem Engagement nicht auf die finanzielle Unterstützung durch die Strukturen angewiesen sind, die wir verändern wollen. Ich nehme Gelder aus staatlichen Förderungsprogrammen in Anspruch, das macht vieles leichter. Aber ich möchte niemals davon abhängig sein.

Ich versuche in jedem Land, in dem ich arbeite, Menschen zu finden, die sich außerhalb der offiziellen Bürokratie bewegen und sie miteinander in Verbindung zu bringen. So sind gut funktionierende

Netzwerke entstanden. Und dann planen wir gemeinsam, wie wir an sozialer und politischer Veränderung arbeiten können, ohne auf die Unterstützung durch öffentliche Gelder angewiesen zu sein.

Wie finden Sie diese Leute?
Sie haben immer mich gefunden. Jedenfalls bis 1989. Bis dahin hatte ich in ungefähr 18 verschiedenen Ländern gearbeitet. Und immer bin ich von irgendjemandem eingeladen worden, der von mir gehört hatte. Als ich in Schweden war und Mitarbeiter eines großen Wirtschaftsunternehmens in Gewaltfreier Kommunikation trainiert habe, da kam der Vorsitzende nach dem Workshop zu mir und sagte: „Warum bieten Sie dieses Training eigentlich nicht in Israel und Palästina an? Die könnten das wirklich gut gebrauchen." Ich antwortete ihm: „Ich würde sehr gerne dort hingehen, aber es hat mich bisher niemand eingeladen." Er fragte mich: „Warum müssen Sie denn immer eingeladen werden?" Wissen Sie, ich war einfach verwöhnt, weil ich bisher immer gefragt worden war. Aber dann habe ich mich hingesetzt und überlegt, wie ich wohl ohne Kontakte in einem Land Fuß fassen könnte, und kam auf die Idee, einfach Leute zu fragen, ob jemand zufällig jemanden in Israel und Palästina kennt. Die nächste Gelegenheit war bei einem Workshop in Basel. Sofort hat sich eine Frau gemeldet und gesagt: „Vor kurzem war ein israelisches Ehepaar bei mir zu Gast. Er unterrichtet Konfliktbearbeitung an der Uni. Die würden sich bestimmt für deine Arbeit interessieren." Ich fragte die Frau: „Würdest du die beiden anrufen, ihnen erzählen, warum du die Gewaltfreie Kommunikation sinnvoll findest und ihnen sagen, dass ich bereit wäre, nach Israel zu kommen?" Nun, das hat sie gemacht, und als es soweit war und ich nach Israel kam, hatte das Ehepaar genau die Leute zusammengetrommelt, die ich brauchte, um etwas auf die Beine zu stellen. Eine Woche später gab ich einen Workshop in Zermatt und fragte wieder die Gruppe, ob jemand zufällig Kontakt zu Palästinensern habe. Und tatsächlich fand sich sofort jemand, ein schwedischer Militäroffizier, der selber zehn Jahre lang als Teil einer Friedensmissions-Gruppe im Nahen Osten gewesen war. Damals kannte er die Giraffensprache noch nicht, er hatte sich über Jahre völlig aufgerieben und sich schließlich nach Schweden zu-

rückversetzen lassen. Er war begeistert von der Idee, die Gewaltfreie Kommunikation in diese Region zu tragen und war äußerst engagiert, um mir zu helfen. Er ist auf eigene Kosten in die besetzten Gebiete geflogen und hat genau die richtige Kontaktperson für mich ausfindig gemacht.

Tja, so funktioniert das. Man fragt einfach andere, die wieder andere kennen – und mit einigen von ihnen kann man gemeinsam auf Giraffenfang gehen, wie ich das nenne: Man geht in ein Land und hält am besten gemeinsam Ausschau nach den entsprechenden Leuten. Wenn man erst einmal da ist, dann entdecken sie einen oft auch von selber. Es hilft natürlich, an einem Ort zu sein, wo sie einen auch sehen können.

Ich vermute, dass die Menschen in vielen der Länder, in die Sie gehen, nicht das Geld haben, Ihr Training zu bezahlen. Wenn Sie nicht von staatlichen Geldern abhängig sein wollen, wie finanzieren Sie Ihre Arbeit vor Ort?

Die Finanzierung funktioniert nach folgendem ökonomischen System: Wenn du dem Leben dienst, dann dient das Leben dir, und das Geld fließt. Das bedeutet, dass ich mich einzig und allein darum kümmern muss, dass das, was ich tue, dem Leben dient. Das heißt nicht, dass ich nicht um Geld bitten muss. Ich bitte um sehr viel Geld. Aber ich bekomme es auch. In nenne das Robin-Hood-Spielen: Ich arbeite in großen Wirtschaftsunternehmen für einen ziemlich hohen Tagessatz. Und mit dieser Summe kann ich Trainings für Tausende von Menschen in Afrika finanzieren. So geht das. Und es gibt eine Mitarbeiterin in unserem Netzwerk, die sehr gut in Fundraising ist, und so bekommen wir das Geld zusammen, das wir für unsere Arbeit in den weniger wohlhabenden Ländern brauchen.

Sie kritisieren die Strukturen und das ökonomische System, in dem wir leben. Gleichzeitig gewinnen Sie namhafte Repräsentanten dieses Systems für Ihre Sache und schaffen es, finanzielle Unterstützung von ihnen zu bekommen. Ich frage mich nur, ob nicht, konsequent weitergedacht, irgendwann der Punkt kommt, an dem diese Rechnung nicht mehr aufgeht. Denn wenn es eine grundsätzliche Umwandlung unse-

rer politischen und wirtschaftlichen Strukturen gäbe, dann hieße das doch, dass diejenigen, die Sie jetzt unterstützen, einen großen Teil ihrer Macht und ihres Reichtums abgeben müssten.
Ich bin davon überzeugt, dass unter den politischen und wirtschaftlichen Strukturen, in denen wir leben, alle leiden. Von außen mag es so aussehen, als gäbe es Gewinner und Verlierer. Doch diejenigen, die das meiste Geld verdienen, zahlen bitter dafür: in psychischer und spiritueller Hinsicht. Jemand, der viel Reichtum auf Kosten anderer angehäuft hat, lebt in einer Welt, in der es hauptsächlich um Geld geht. Was ist das für ein Leben? Es mag noch so nett sein, aber im Grunde entspricht es nicht unseren Bedürfnissen. Die ganze Konsumkultur basiert auf der Ersatzbefriedigung von Bedürfnissen. Und das ist eines unserer größten Ziele in den nächsten Jahren: den Menschen effektivere Wege zu zeigen, wie sie ihr Bedürfnis nach Sinn erfüllen können.

Ist das nicht ein bisschen utopisch?
Ich weiß nicht, was Sie unter utopisch verstehen. Ich bin kein Träumer, sondern eigentlich eher konservativ. Wenn mir jemand von Plänen erzählt, deren Umsetzbarkeit ich nicht erkennen kann, dann bin ich sehr skeptisch.

Ich bin grundsätzlich nicht besonders leicht für visionäre Ideen zu begeistern. Aber was die Gewaltfreie Kommunikation angeht, habe ich einfach schon viele kreative Menschen getroffen, die damit arbeiten und mir gezeigt haben, dass es funktioniert, dass es politisch und spirituell durchdacht ist und dass sich damit das Bewusstsein der Menschen radikal verändern lässt. Außerdem denke ich: Wenn wir Menschen den Einfallsreichtum und die Energie aufbringen, hoch technisierte Waffenarsenale und Sicherheitssysteme zu schaffen, warum sollten wir diese Energie nicht dafür benutzen können, ein dem Leben dienendes System aufzubauen?

Letztlich kann ich nur sagen, dass ich persönlich mit der Annahme leben möchte, dass Veränderung möglich ist. Und falls ich mich irre und sich diese Annahme als naiver Traum entpuppen sollte, dann kann ich auch damit leben. Aber es gibt genug Evidenz, die mich davon überzeugt, dass Veränderung möglich ist.

Ich würde gerne mehr über Ihre Arbeit in Wirtschaftsunternehmen erfahren. Ist es überhaupt möglich, Gewaltfreie Kommunikation in Organisationen einzuführen, die eine Gesprächskultur haben, in der Gefühle und Bedürfnisse nicht vorkommen?
Ich denke, es ist schon möglich. Aber man braucht große Giraffenohren. Wenn ich in solchen Firmen Trainings anbiete, dann bekomme ich oft zu hören: „Haben Sie selber schon mal in einer Firma wie dieser hier gearbeitet? Da können Sie nicht einfach von Gefühlen und Bedürfnissen sprechen. Denn dann nimmt sie keiner mehr ernst. Das wirkt total unprofessionell." Das ist schon richtig. Walter Wink[23] spricht davon, dass es wichtig ist anzuerkennen, dass jede Institution ihre eigene Spiritualität hat. Und mir ist klar, dass in Wirtschaftsunternehmen eigene Gesetze herrschen und ein anderer Geist weht als in anderen Zusammenhängen.

Wenn ich in wirtschaftlichen Organisationen arbeite, dann spreche ich deshalb nicht über „Bedürfnisse" und „Gewaltfreie Kommunikation", sondern über Macht. Ich diskutiere, wie man die eigene Macht und damit die eigene wirtschaftliche Produktion – oder Dienstleistung oder was immer es ist – so steigern kann, dass man später nicht dafür bezahlen muss. Ich erkläre das in etwa so: „Mich interessiert ein Weg, der uns Macht *mit* Menschen und nicht Macht *über* Menschen gibt. Macht *mit* Menschen bedeutet, dass die Menschen, die in der Firma beschäftigt sind, gerne und effektiv arbeiten, weil sie merken, dass das, was sie tun, zum Erfolg ihres Unternehmens beiträgt. Dann haben die Mitarbeiter das gleiche Bedürfnis wie das Unternehmen".

Ich sollte mal in einem Unternehmen in Zürich vermitteln, in dem seit langem der Konflikt schwelte, welche Software benutzt werden sollte. Die jüngeren Leute in der Abteilung wollten unbedingt eine neue Software. Die Älteren waren dagegen. 15 Monate dauerte der Konflikt schon an, und ich sollte zwischen den Parteien mediieren. Ich habe sie gebeten, ihre reguläre Mitarbeitersitzung abzuhalten, um zu beobachten, wie sie miteinander kommunizierten. Und als einer der Älteren das Wort ergriff, wurde mir sofort klar, was los war. Man muss dazu sagen, dass die älteren Mitarbeiter vor Jahren die Software entwickelt hatten, die aktuell noch in Betrieb war. Einer der älteren Mitarbeiter ergriff also das Wort, aber er sagte nicht etwa, dass er sich Anerkennung wünschte für die Entwicklung der Software, mit der all diese Jahre gearbeitet worden war. Er sagte: „Nur weil etwas neu ist, muss es noch lange nicht gut sein. Einer anderen Firma ist es jüngst passiert, dass sie neue Software eingeführt hat, und dann ist alles den Bach runter gegangen." Dann antwortete einer der Jüngeren: „Ich stimme mit meinem geschätzten Kollegen darin überein, dass allein die Tatsache, dass etwas neu ist, noch keine Garantie ist. Aber wenn Sie unseren Geschäftsbericht und die Bilanzen sehen, dann kommt man doch zu der – blablabla." So ging das immer weiter, bis ich irgendwann unterbrach: „Entschuldigen Sie, ich würde gerne etwas klären" – und dann meinte ich zu den älteren Mitarbeitern: „Ich habe den Eindruck, dass Sie sich gekränkt fühlen und sich etwas mehr Anerkennung wünschen für die Entwicklung der Software, mit der bislang erfolgreich gearbeitet wurde." Die Antworten klangen ungefähr so: „Naja, wissen Sie, als damals ..., also in gewisser Hinsicht ...", und ich fragte nach: „Ist es so?" „Ja, schon." Meine Güte war das schwierig, in dieser Umgebung ein Gefühl zu äußern!

Und dann auch noch so ein Gefühl wie Kränkung!
Natürlich ist das erst einmal sehr bedrohlich für die Beteiligten. Aber wenn sie merken, wie unnötig viel Geld diese unproduktiven Auseinandersetzungen kosten, wie hoch auch die emotionalen Kosten sind, wenn solche Gefühle unterdrückt werden, dann sind sie auch bereit, neue Wege zu gehen. Diese Gruppe von Mitarbeitern hat sich jedenfalls darauf eingelassen, und sie haben aus ihrer Blockade herausgefunden.

Sie stoßen regelmäßig auf Widerstände bei Ihrer Arbeit. Sind Widerstände für die Person, die sie hat, nicht auch etwas ganz Sinnvolles?
Wenn ich Giraffenohren habe, dann existieren Widerstände nicht. Dann wollen diese Menschen mir etwas über ihre Gefühle und Bedürfnisse mitteilen. Wenn ich zum Beispiel von einer Firma zu einem Training eingeladen werde, zu dem die Mitarbeiter und Mitarbeiterinnen hingeschickt werden, dann sagen sie: „Niemand hat uns gefragt, ob wir hier sein wollen, das ist ja wie in der Schule, immer diese Fortbildungen ..." Sie wollen einfach, dass jemand ihren Ärger versteht. Und die Gruppen, die nicht freiwillig da sind, wissen meistens gar nicht, was ich ihnen anzubieten habe. Da ist es egal, ob es

Schulklassen sind, deren Lehrer mich eingeladen hat, oder ein Lehrerkollegium, das zu so einem Training hingeordert wurde, oder eine Gruppe von Managern. Normalerweise merkt man sofort an der Energie, mit der die Leute kommen, dass sie nicht freiwillig gekommen sind. Sie sitzen da und warten darauf, gelangweilt oder unterhalten zu werden. Das ist natürlich der Tod. Wenn ich also etwas von dieser Energie spüre, sage ich: „Ich würde zuallererst gerne herausfinden, was Sie heute hierher geführt hat. Zu welcher Gruppe gehören Sie? Gruppe A: Sie wissen, worum es in meinem Training geht und Sie konnten es kaum erwarten, herzukommen? Gruppe B: Sie sind hier, weil Sie Angst haben, dass es Folgen für Sie haben könnte, wenn Sie nicht gekommen wären? Gruppe C: Sie sind nicht sicher, warum Sie heute hier sind, Sie sind einfach den anderen gefolgt. Also: Wie viele von Ihnen sind in Gruppe A? Keiner. Gruppe B? Fast alle. Vielen Dank! Gruppe C? Zwei. Okay." Und dann frage ich weiter: „Von denjenigen, die nicht freiwillig hier sind, würde ich gerne wissen: Welche Informationen brauchen Sie, um zu entscheiden, ob Sie mir Ihre Aufmerksamkeit schenken wollen? Ich nehme ungern die Zeit und Aufmerksamkeit von Menschen in Anspruch, die mir vorher nicht die Erlaubnis dazu gegeben haben."

Ich habe mal eine Woche lang mit einer Gruppe israelischer Polizisten gearbeitet. Die Gruppe bestand aus den Polizisten, die das höchste Beschwerderegister bezüglich polizeilicher Brutalität hatten. Und sie wussten, dass genau das der Grund war, warum sie für das Training ausgewählt worden waren. Sie können sich vorstellen, mit welcher Energie diese Leute kamen. Denen hätte ich sechs Tage lang etwas erzählen können, ohne jemals zu ihnen durchzudringen. Deshalb hab' ich erst einmal gesagt: „Welche Informationen über Kommunikation bräuchten Sie, um zu entscheiden, ob Sie etwas darüber lernen wollen?" „Kommunikation?!", meinte einer, „Sie haben wohl keine Ahnung von den Idioten, mit denen wir's zu tun haben, mit denen kann man nicht kommunizieren!"

Ich kann mich noch genau an den ersten Tag erinnern, als ich ihnen erklärt habe, wie man Einfühlung gibt. Einer der Polizeioffiziere sagte: „Ich glaube, ich verstehe, was Sie meinen: Wenn jemand mich bespuckt, dann soll ich mir einfach einreden, dass es draußen regnet."

Wie kann man denn jemandem Einfühlung geben, der einen bespuckt?
Ich glaube, wenn das passiert, ist es erst einmal gut zu wissen, wie man in Giraffensprache schreien kann, um dann in der Lage zu sein, Empathie zu geben. Wenn ich vom Giraffenschreien rede, dann meine ich damit nicht, dass man unbedingt laut werden muss. Es geht einfach darum, dass man dem anderen die eigene Verletzlichkeit zeigt. Wenn also jemand auf mich spuckt, dann kann ich zum Beispiel sagen: „Hey, ich krieg' die Krise, wenn du das machst. Bespuckt zu werden ist nicht das, was ich unter Respekt verstehe. Wenn du was gegen mich hast, dann sag's mir bitte, aber bespuck' mich nicht! Ist das angekommen?"

Bei den israelischen Polizisten bin ich erst mal gar nicht dazu gekommen, ihnen beizubringen, wie man gewaltfrei kommuniziert. Ich habe die ganze Zeit damit verbracht, mir anzuhören, wie bescheuert sie dieses Kommunikationstraining finden und dass es in ihrem Job überhaupt keinen Zweck haben würde, damit zu arbeiten. Ich habe einfach zugehört und ihnen Empathie gegeben. Und es wurde festgestellt, dass bereits nach der Halbzeit meines Trainings mit ihnen die Brutalitätsrate gesunken ist.

Wenn Sie immer wieder erfahren, wieviel *Sie mit Ihrer Arbeit bewegen können – ist es da manchmal nicht schwierig, die eigenen Grenzen zu erkennen und zu setzen? Besonders, wenn Sie von einer solch starken Vision getrieben werden?*

Ich frage mich, wie Sie bei all dem Jetsetting von einem Ort zum nächsten jemals Ruhe und Zeit für sich selber finden.
Ja, das ist ein Problem, aber kann man sich ein schöneres Problem vorstellen? Ich bin sicher, jeder Mensch auf dieser Welt wäre dankbar, so viele Möglichkeiten zu haben, das Bedürfnis nach Sinn zu erfüllen. Aber natürlich ist es nicht immer einfach. Wenn ich das Leid an so vielen verschiedenen Orten dieser Welt sehe und weiß, dass es gelindert werden könnte, dann fällt es mir schwer, nichts zu tun und mir selbst eine Pause zu gönnen. Heute Morgen beim Frühstück habe ich die Nachricht erhalten, dass die Nichte eines Freundes in Burundi sich umgebracht hat, weil ihre Familie das Schulgeld für sie nicht mehr bezahlen konnte. Wenn Tage so beginnen, dann denke ich: Es ist so wichtig, diese Welt zu einem schöneren Ort zu machen,

und ich weiß, wie ich dazu beitragen kann. Da fällt es mir schon sehr schwer, mir Zeit für mich zu nehmen, einfach mal einen Spaziergang zu machen und an gar nichts zu denken. Gleichzeitig sagen mir mein Kopf und mein Körper, wie wichtig so eine Auszeit ist, um wieder Kraft zu schöpfen. Hier die richtige Balance hinzubekommen, ist eine echte Herausforderung für mich.

Dankbarkeit ausdrücken und annehmen

„Das Leben feiern."

Am Anfang unseres Gesprächs haben Sie davon erzählt, dass die Frage, warum manche Menschen gewalttätig sind und andere es genießen können zu geben, Sie von Kindheit an beschäftigt hat. Wie kann es sein, dass es Menschen gibt, die noch nie von Gewaltfreier Kommunikation gehört haben, aber ganz selbstverständlich diese Haltung leben?

Ich will als Beispiel die Geschichte einer Freundin aus Ruanda nehmen, eine Geschichte, wie es viele andere gibt. Der Name dieser Freundin ist Yolande Mukagasana[24], sie hat ein Buch über ihr Leben im Bürgerkrieg geschrieben, und ich habe sie in einem meiner Workshops kennen gelernt. Als sie damals erzählt hat, dass ihre drei Kinder und ihr Bruder in Ruanda ermordet wurden, war ich sehr verwundert, zu sehen, dass diese Erlebnisse keinen Hass und keine Wut in ihr ausgelöst haben. Nur Traurigkeit. Sie war einfach zutiefst traurig über das, was man ihr angetan hatte. Traurig und gleichzeitig unglaublich lebensbejahend. Wenn ich Menschen wie Yolande treffe, dann kann ich es kaum erwarten, ihnen eine für mich zentrale Frage zu stellen, eine Frage, die ich Leuten immer wieder stelle: „Auf welche Weise haben andere Menschen in deinem Leben dazu beigetragen, dass du so – mit offenem Herzen – durch die Welt gehen kannst?" Yolande antwortete: „Als ich noch klein war, da kamen oft Bettler zu uns an die Tür. Wenn ich ihnen die Tür öffnete, dann rief meine Mutter mir zu: ‚Bring ihnen Wasser und bringe ihnen auch Brot, sie trauen sich bestimmt nicht, um beides zu bitten!'" Es sind oft ganz unspektakuläre Erlebnisse, an die sich Menschen wie Yolande erinnern, wenn sie darüber nachdenken, was ihnen das Vertrauen ins Leben gibt, das sie davor bewahrt hat, Bitterkeit und Feindbilder in sich zu entwickeln, obwohl sie allen Anlass dazu hatten.

Diese Frage nach prägenden Erlebnissen ist mir zum ersten Mal gekommen, als ich einer Frau begegnet bin, die die so genannte Lachtherapie entwickelt hat. Ich fragte sie: „Gab es etwas, wodurch jemand Ihnen die Schönheit und den Reichtum des Lebens gezeigt hat?" Sie fing sofort an zu weinen und erinnerte sich: Sie war neun Jahre alt und fühlte sich sehr einsam im Leben. Sie hatte zwar viele Geschwister, spürte aber zu keinem in ihrer Familie eine Verbindung und hatte immer das Gefühl, überflüssig zu sein. Sie saß für sich alleine in einer Ecke des Wohnzimmers, ihr Großvater saß in der anderen Ecke und war gerade mit zwei anderen Menschen im Gespräch. Ihr Großvater war ein sehr beliebter und ständig von Menschen umringter Mann. Und als sie zu ihm hinüber sah und gerade mal wieder dachte, dass niemand auf der Welt sich dafür interessierte, ob sie existierte oder nicht – genau in diesem Moment suchte der Großvater ihren Blick und zwinkerte ihr zu. Es war nur dieser kurze Moment. Und 30 Jahre später erinnert sie sich daran und weint. Wegen eines Augenzwinkerns.

Zu einer anderen Frau aus Somalia, die mir ihre Lebensgeschichte erzählt hatte, habe ich gesagt: „Wenn ich höre, was du alles durchgemacht hast, erscheint es mir wie ein Wunder, dass du nicht den Glauben an die Menschen und an das Leben verloren hast." Und ich stellte ihr meine Lieblingsfrage: „Auf welche Weise haben andere Menschen in deinem Leben dazu beigetragen, dass du so durch die Welt gehen kannst, wie du es tust?" Sie dachte einen Moment lang nach und sagte dann: „Mein Vater." Ich fragte nach: „Es gab sicher viele Dinge, die er getan hat. Nenne mir nur eine Sache." „Wir lebten damals vier Kilometer von der Wasserquelle entfernt, und mein Vater war der einzige, der stark genug war, das Wasser so weit zu tragen. Er hat mich immer gefragt, ob ich nicht mit ihm gehen wollte." „Es hat dich also glücklich gemacht, dass er so gerne mit dir zusammen sein wollte?" Sie dachte nach und sagte: „Nein, es war etwas anderes. Auf dem Weg sind wir immer vielen Menschen begegnet, die er kannte, und egal, wie viele es waren, mein Vater ist immer stehen geblieben und hat mit ihnen geredet." „Dann hat es dich also so berührt, dass er sich Zeit für andere Menschen genommen hat?" Sie überlegte. Plötzlich stiegen ihr Tränen in die Augen, und ich merkte, sie hatte gefunden, was es war: „Nein, Marshall. Es war die Art und Weise, wie mein Vater die Menschen angesehen hat, wenn sie mit ihm sprachen. All die Jahre danach hatte ich immer dann, wenn ich gesehen habe, wie Menschen sich furchtbare Dinge antun, das Bild meines Vaters vor Augen. Er hatte eine unglaubliche Präsenz für Menschen, er war so ganz da für sie – und wenn ich dieses Bild vor Augen habe, dann wird mir klar: Genau dafür sind wir Menschen hier, nicht für all das andere."

Wenn Sie das so erzählen, dann denke ich, wie schön es wäre, diesen Müttern, Vätern und Großvätern oder wer immer es war, all diesen wichtigen Menschen in unserem Leben zu sagen, was für ein Geschenk sie uns gemacht haben. Ich musste gerade an meine große Schwester denken und daran, wie selbstverständlich sie für mich da war, als ich noch klein war. Ich habe meiner Schwester nie gesagt, wie viel mir das bedeutet hat.

Ja, das wäre wirklich sehr schön. Ich glaube sogar, dass es sehr wichtig ist, dass wir das tun. Ich benutze gerne ein Bild, das deutlich macht, *wie* wichtig es ist: Um so zu leben, wie die Gewaltfreie Kommunikation es uns lehrt, braucht man viel Kraft und Klarheit. Denn diese einfühlsame Haltung ist ja nicht einfach immer da, sondern entsteht immer wieder, indem wir gut für uns sorgen und uns selber nähren. Es gibt eine ideale Kraftnahrung, ich nenne sie „Giraffennektar". Woraus man Giraffennektar gewinnt? Aus aufrichtiger Dankbarkeit. Durch Dankbarkeit erinnern wir uns daran, wie gut es sich anfühlt, wenn wir das Leben eines Menschen bereichern oder wenn ein anderer unser Leben bereichert. Die Erinnerung daran ist eine wunderbare Ressource, sie bringt eine innere Kraft in uns zum Fließen, und sie lässt den Giraffennektar in unsere Herzen sprudeln. Dankbarkeit ist eine Feier des Lebens.

Wenn Dankbarkeit also eine lebenswichtige Kraftnahrung für uns ist, dann frage ich mich, was es ist, das uns davon abhält, Dankbarkeit zu geben und zu empfangen.

Ich stelle Ihnen mal diese gemeine Frage, die ich Leuten ständig stelle: Was hat *Sie* davon abgehalten, Ihrer Schwester zu sagen, wie viel es Ihnen bedeutet, dass sie in Ihrer Kindheit für Sie da war?

Das mag sich komisch anhören, aber ich glaube, ich habe es ihr nie erzählt, weil ich denke, dass es ihr peinlich wäre.
Das kenne ich gut. Ich hatte das gleiche Problem mit meinem Vater. Ich dachte, o mein Gott, es wäre ihm so peinlich, wenn ich ihm sagen würde, wie dankbar ich ihm bin. Und es *war* ihm peinlich, als ich es schließlich getan habe. Aber das ist okay, ich nenne es „Giraffenterror". Wenn es in den Workshops zu dem Thema Dankbarkeit kommt, dann sage ich immer: Ich zeige euch jetzt, wie man andere Menschen in die Knie zwingt.

Durch Dankbarkeit?
Ja, das ist eine absolut legale Form von Terror. Ich – der Papst der Gewaltfreien Kommunikation – gebe Absolution für Terror durch Dankbarkeit. Mein armer Vater, es war nicht einfach für ihn!

Wir sind zusammen spazieren gegangen, und ich habe zu ihm gesagt: „Papa, ich würde dir gerne etwas sagen, was vielleicht schwer für dich zu hören ist, und ich möchte, dass du es trotzdem hörst. Ich würde dir gerne von einigen Dingen erzählen, die du getan hast, durch die du mein Leben sehr bereichert hast –."

„Ja, ist schon gut. Du warst immer ein guter Sohn."

„Warte mal, ich habe gerade erst angefangen, ich weiß, es ist nicht einfach für dich, aber ich möchte, dass du mich anhörst, bis ich fertig bin."

Armer Kerl, ich habe ihn wirklich gequält. Aber er war sehr berührt. Nachdem ich meine Dankbarkeit ihm gegenüber ausgedrückt hatte, war *er* sehr dankbar dafür.

Also, Sie haben Angst, dass es Ihrer Schwester peinlich sein könnte? Okay, ich bin Ihre Schwester. Mal sehen, was Sie zu mir sagen, wenn Sie mich das nächste Mal treffen.

Das ist wirklich nicht einfach. Ich würde sagen:

„Mir ist etwas bewusst geworden, was ich dir gerne erzählen würde: Als ich klein war, da war ich nach außen immer ein unbeschwertes und selbständiges Kind . Aber ich habe mich sehr oft einsam und al-

lein gefühlt und habe meinen Schmerz versteckt. Und es gab immer wieder Momente, in denen du – als würdest du genau wissen, wie es mir wirklich geht – mich einfach in den Arm genommen und gehalten hast. Dadurch habe ich mich aufgehoben gefühlt und sicher genug, um weinen zu können. Ich möchte dir sagen, wie besonders das für mich war und –"
„Du, das ist schon okay, dafür sind Schwestern ja schließlich da."

Ich bin nicht sicher, ob sie überhaupt so lange durchgehalten hätte.
Habe ich auch nicht, ich war schon nach dem zweiten Satz woanders und habe von dem Rest kaum noch etwas mitbekommen.

Also gut: „Ich glaube, ich habe noch nicht klar gemacht, worum es mir geht –"
„Das ist das Normalste der Welt, du musst doch da jetzt nicht so eine große Sache draus machen."

Wissen Sie, was meinem Vater geholfen hat, zuzuhören? Ich habe gesagt: „Papa, es ist mir wirklich wichtig, dass du verstehst, wie viel mir diese Dinge bedeuten. Auch wenn es nicht einfach für dich ist: ich möchte, dass du mir zuhörst und würde mich freuen, wenn du es annehmen kannst."

Dann würde sie sagen, „Ja, ich habe dich ja verstanden. Das ist echt nett. Danke", und das Thema wechseln.
Dann könnten Sie sagen: „Ich würde wirklich gerne sichergehen, dass es bei dir angekommen ist, und es würde mir sehr helfen, wenn du mir wiedergeben könntest, was du mich hast sagen hören."

Und es gibt noch eine Sache, die der Dankbarkeit sehr viel Gewicht geben kann: Sie sagten, Sie haben sich aufgehoben und sicher gefühlt – Sie könnten Ihrer Schwester sagen, wie es Ihnen heute damit geht, wenn Sie sich daran erinnern. Damit bringen Sie das Ganze in die Gegenwart.

Ja, es ist direkt spürbar, dass das Gefühl der Dankbarkeit dadurch noch lebendiger wird. Ich merke, dass ich durch sie ganz viel Vertrauen ins Leben bekommen habe. Ein Vertrauen, das mich bis heute begleitet.

Gleichzeitig merke ich aber auch, dass man sich verletzbar macht, wenn man sich mit der eigenen Dankbarkeit zeigt.
Ja, die Lebendigkeit und Stärke dieser Gefühle machen uns Angst. Nelson Mandela hat einmal gesagt: „Es ist unser Licht, das wir fürchten, nicht unsere Dunkelheit."[25]

Ich sehe die Wahrheit dieses Satzes immer deutlicher. Wir blockieren ständig den Fluss des Giraffennektars, wenn wir Dankbarkeit nicht wirklich ausdrücken und annehmen. Wir wissen vom Verstand her vielleicht, dass es gut ist, anderen zu helfen und danke zu sagen, wenn uns geholfen wird. Aber wir fühlen die ganze Schönheit und Kraft, die Dankbarkeit uns gibt, erst, wenn wir uns erinnern und dadurch noch mal erfahren, wie sehr unser Leben bereichert worden ist. Und auch wenn ich weiß, dass ich mit dem, was ich getan habe, einer Person sehr geholfen habe – es bekommt eine völlig andere Qualität, wenn diese Person mir sagt, was es für sie bedeutet hat und wie es ihr damit geht. Besonders wenn es so kostbar ist wie das, was Sie mit Ihrer Schwester erlebt haben.

Was mich auch noch oft davon abgehalten hat, Dankbarkeit auszudrücken, war der Gedanke, dass es nicht nötig wäre. Der andere weiß doch, dass ich dankbar bin. Aber als ich herausgefunden habe, wie wichtig Dankbarkeit ist, wollte ich das überprüfen und habe angefangen nachzufragen. In vielen Fällen, in denen ich ganz sicher war, dass die andere Person weiß, dass ich ihr dankbar bin, wusste sie es nicht. Und in den wenigen Fällen, in denen sie es wusste, hätte sie es gern nochmal gehört.

Mir ist klar geworden, dass beides gleich schwierig und gleich wichtig ist: Dankbarkeit auszudrücken und Dankbarkeit anzunehmen. Vielleicht fällt es uns ganz besonders schwer, unsere Gefühle und Bedürfnisse ernst zu nehmen, wenn es gar keinen Konflikt gibt, sondern es einfach nur darum geht, uns selbst und das Leben zu feiern?
Ja, und Feiern ist so wichtig. Sich selbst zu feiern, womöglich noch öffentlich, das ist natürlich das Schlimmste, was man machen kann, denn man hat uns ja beigebracht, bescheiden zu sein. In der Wolfswelt sollen immer alle denken, was für erbärmliche Gestalten sie doch in Wirklichkeit sind. Aber da es das Natürlichste der Welt ist, zu feiern, tun es alle, bloß sie tun es heimlich. Kennen Sie diese un-

glaublich langweiligen Gespräche, wenn jemand so tut, als würde er Ihnen ganz sachlich irgendwelche wichtigen Fakten erläutern? Eigentlich hat er das Bedürfnis, sich zu feiern. Ich finde es dann immer sehr schwierig, mich mit so jemandem zu freuen, weil ich meistens einschlafe.

Aber ich musste das auch selber erst lernen. Als ich angefangen habe, Workshops in Gewaltfreier Kommunikation zu geben, kam Dankbarkeit überhaupt nicht darin vor.

Und wie kamen Sie dazu, Dankbarkeitsübungen in das Training zu integrieren?

Es war irgendwann in den 1970er-Jahren. Ich war von einer Frauengruppe eingeladen worden. Sie wollten einen dreitägigen Workshop mit mir machen, und ich fühlte mich geehrt. In dieser Zeit war ich sehr engagiert in politischen Projekten, ich wollte etwas bewegen. Ich sah überall die Ungerechtigkeit, die Schwarzen wurden unterdrückt, die Frauen wurden unterdrückt, ich wollte die Gesellschaft verändern, und meine Grundstimmung war kämpferisch.

Also dachte ich, wunderbar, ich mache diesen Workshop mit den Feministinnen und kann sie damit in ihrer politischen Mission unterstützen.

Und als ich mit ihnen am Arbeiten war, haben diese Frauen mittendrin meinen Workshop unterbrochen, um sich gegenseitig Dankbarkeit auszudrücken und gemeinsam zu feiern. Und das *drei Mal* am Tag. Es war ein festes Ritual in ihrer Gruppenarbeit. Ich saß da, schaute mir das an und dachte: „Frauen!"

Nach dem Workshop bin ich mit der Frau, die diese Gruppe leitete und die mich eingeladen hatte, essen gegangen, und sie fragte mich nach meinen Eindrücken. Ich sagte ihr: „Ich habe es wirklich genossen, mit euch zu arbeiten. Es gibt eine Sache: Das mit der Dankbarkeit, das ist ein bisschen frustrierend für mich – ich meine, es gibt viel zu tun, und ihr unterbrecht den Arbeitsprozess drei Mal am Tag, um zu feiern, das bin ich nicht gewohnt."

Und sie erwiderte: „Marshall, das ist genau der Punkt, der mich irritiert in deinem Training. Die Energie, mit der du alles verändern willst, macht den Leuten Angst und bremst sie in ihrem Engagement eher, als dass es sie unterstützt. In unserer Gruppe kommen wir von einem anderen Bewusstsein, wir wollen uns auch an die Fülle des Lebens erinnern und nicht nur an den Horror."

Und dann habe ich mir die Inhalte von meinem Training angeguckt und gemerkt, dass es tatsächlich die ganze Zeit nur um Konflikte ging und darum, wie man Gewalt, Rassismus und Sexismus bekämpft. Nach diesem wertvollen Feedback habe ich angefangen, der Dankbarkeit und dem Feiern mehr Raum zu geben. Und es wird von Jahr zu Jahr wichtiger für mich, uns immer wieder an die Schönheit des Lebens und an die Kraft in uns zu erinnern: Ich möchte, dass wir aus dieser Energie heraus in die Welt gehen, um sie zu verändern, und nicht mit einem Feindbild im Kopf.

Wie passt denn da der Begriff „Gewaltfreie Kommunikation"? Beschreibt er nicht auch mehr diese alte Haltung, gegen etwas zu sein, gegen Gewalt?
Ich habe das Wort „gewaltfrei" nie gemocht, von Anfang an nicht. Wenn ich es in der Tradition von Martin Luther King oder auch Gandhi sehe, mit denen das Wort „gewaltfrei" oft assoziiert wird, dann bin ich damit einverstanden. Aber als ich Gewaltfreie Kommunikation vor über 20 Jahren als Titel für das Buch gewählt habe, das ich damals geschrieben habe, hätte ich niemals gedacht, dass daraus eine weltweite Organisation entstehen würde.

Ich mag „gewaltfrei" hauptsächlich deshalb nicht, weil wir damit sagen, was wir *nicht* wollen, aber nicht, *was* wir wollen. Und in der Gewaltfreien Kommunikation geht es eigentlich gerade darum auszudrücken, was du willst. Das ist also einfach etwas widersprüchlich in Bezug auf die Haltung, die wir vermitteln wollen.

Es gab immer wieder Diskussionen darüber und Ansätze, den Namen zu ändern. Mittlerweile hat sich die Bedeutung von „gewaltfrei" allerdings etwas gewandelt. Die Menschen assoziieren mit der Bezeichnung nicht mehr automatisch körperliche Gewalt. Das ist eine angenehme Entwicklung, und wir machen uns nicht mehr soviel Sorgen um den Namen.

Wir haben darüber gesprochen, wie schwierig es ist, Dankbarkeit auszudrücken und anzunehmen. Nach Ihren Workshops drücken manchmal 50 Menschen nacheinander ihre Dankbarkeit Ihnen gegenüber aus. Können ***Sie*** *das denn immer alles annehmen?*

Nein, das ist richtig Arbeit. Natürlich genieße ich es, all die Menschen zu hören, und ich kann es viel besser als früher, aber es ist auch eine echte Herausforderung, wirklich präsent zu bleiben. Es ist das alte Thema „Es ist das Licht und nicht die Dunkelheit ... ". Es ist nicht schwer von der göttlichen Energie zu sprechen, aber sie zu erleben und in der Dankbarkeit unsere Kraft darin zu spüren, das ist etwas ganz anderes. Es wäre einfach nur die reinste Freude, wenn ich mir mein ganzes Leben bewusst gewesen wäre, dass all das in mir ist. Aber ich habe mit einem Selbstbild begonnen, das alles andere als „göttlich" ist, und von dort ist es ein weiter Weg. Wenn ich mich erinnere, woher ich komme, fällt mir immer „Ofenfutter" ein. Das Wort habe ich selber erfunden. Wenn ich als Kind weinend nach Hause gekommen bin, weil andere Kinder mich verprügelt haben, weil ich ein Jude bin, dann wollten meine Eltern und Großeltern mich trösten. Sie waren wirklich liebenswerte Leute, aber sie wussten nicht, wie man „Giraffisch" spricht. Also was haben sie gesagt, um mich zu trösten? Ich habe ihnen gerade erzählt, was für einen Terror ich täglich durchmache, und sie sagen: „Sei froh, dass du in den Vereinigten Staaten lebst, in Deutschland hätten sie dich schon längst in einen Ofen gesteckt." Ich hatte keine Ahnung, wovon sie redeten, aber ich wusste, dass irgendetwas an mir faul ist. Dass ich zu nichts anderem tauge, als in den Ofen gesteckt zu werden.

Und das hörte nicht auf. Als ich älter wurde und mich mit Mädchen verabreden wollte, haben die gesagt: „Das geht nicht, du bist ein Jude, mein Vater hat mir verboten, mit Juden auszugehen." Und wenn wir mit der Familie in den Urlaub gefahren sind und eine Unterkunft gesucht haben, dann waren sie immer schon ausgebucht, wenn wir uns mit „Rosenberg" gemeldet haben. Also haben wir uns Ross genannt, und dann war es kein Problem. Dadurch, dass ich gesehen habe, dass meine Familie ihre Identität verstecken musste, hat sich mir dieses „Ofenfutter"-Selbstbild tief eingeprägt.

Das Feedback, das ich heute bekomme, ist Lichtjahre weit entfernt von „Ofenfutter", und das ist ein ziemlich weiter Weg für nur ein Leben.

Können Sie sich vorstellen, wie es war, als ich das erste Mal nach Deutschland eingeladen wurde? Es war sehr merkwürdig. Das war 1986, und als ich in München ankam und aus dem Flugzeug stieg, stand da plötzlich – ich habe keine Ahnung warum, vielleicht extra für mich, um mich noch mal daran zu erinnern – ein Soldat in Uniform, der sehr respekteinflößend aussah, und da habe ich erst gemerkt, wie viel von dem alten Terror noch in mir war.

Und gleichzeitig war es wunderschön, nach Deutschland zu kommen, so ganz anders als die Bilder in mir, denn ich wurde unglaublich warmherzig und liebevoll empfangen.

Mit der Gewaltfreien Kommunikation in Deutschland zu arbeiten – das macht etwas mit mir. Da passiert ganz Wunderbares. Wissen Sie, was ich meine? Nach Deutschland zu kommen, an *den* Ort des Grauens für mich als Kind, und mit solcher Wärme aufgenommen zu werden. Es gibt mir Hoffnung. Und wenn die Menschen erzählen, was *ich ihnen* alles gebe, wie ich ihr Leben bereichern konnte – dass es Deutsche sind, gibt ihrer Dankbarkeit eine tiefere Bedeutung.

Das zu hören, ist sehr berührend und bestärkend.
Ja. Es hilft, alte Feindbilder hinter sich zu lassen. Und für mich bedeutet es, dieses tiefste aller Feindbilder aus meiner Kindheit zu transformieren.

Ich kann immer deutlicher sehen, dass Sie den Weg, den Sie lehren, auch gegangen sind und warum Sie in Ihrer Arbeit so überzeugend sind. Und dass Ihre jüdische Identität ein wichtiger Teil dieses Wegs ist.
Ja. Ich erzähle diese Geschichte, um zu erklären, warum es für mich schwierig ist, Dankbarkeit anzunehmen. Ich verstehe aber auch, warum es für andere Menschen, mit anderen Hintergründen, schwierig ist. Die meisten Kulturen und Religionen haben einen moralischen Überbau, in dem sie den Menschen verschiedene Varianten des folgenden Glaubenssatzes vermitteln: Du bist unwichtig. Es kann eine wunderschöne, spirituelle Botschaft darunter liegen, die sagt: Lass dich nicht von deinem Ego leiten. Aber die Kirchen haben diese tiefen Wahrheiten interpretiert und den Menschen Jahrhunderte lang eingeredet, dass sie nichts wert sind. Und dann ist es schwer, Dankbarkeit anzunehmen.

Können Sie etwas empfehlen? Wie kann man lernen, Dankbarkeit in das eigene Leben zu integrieren?

Ich führe ein Dankbarkeits-Tagebuch. Ich nehme mir immer wieder die Zeit, Dankbarkeit zu zelebrieren.

Ich zeige Ihnen, was ich meine. Sehen Sie dieses große Kiste da in der Ecke? Da sind die ganzen vollgeschriebenen Dankbarkeits-Tagebücher drin. Wenn ich etwas getan habe oder eine andere Person etwas getan hat, was ich feiern will, dann schreibe ich es auf. Manchmal schreibe ich auch Erlebnisse auf, die ich betrauere. Das sind auch wertvolle Momente. In dem Dankbarkeitstagebuch führe ich Gespräche mit der göttlichen Energie.

Hier zum Beispiel, am 19. Februar, habe ich geschrieben: „Was für ein Glück: Der Spaziergang durch den sonnenbeschienenen Schnee an diesem klaren, kalten Tag." Das war einer der seltenen Tage, an denen ich hier in den Bergen war. Oder hier, der 29. Mai, der Tag fing in Kopenhagen an, nachmittags war ich in Zürich. „Am Abend eines langen Tages kommt diese Frau nach dem Workshop zu mir, mit leuchtenden Augen. Sie sagt, wie sehr ihr Leben sich gewandelt hat und wie es bereichert worden ist durch das, was sie in den letzten Jahren von mir bekommen hat, was sie gelernt hat durch unsere Arbeit. Sie war eine von vielen. Ich bin traurig, dass ich mich nicht mehr an alles, was ich an Feedback bekommen habe, erinnern kann." Wenn die Leute in der Abschlussrunde von Seminaren ihre Dankbarkeit ausdrücken, dann versuche ich immer, möglichst alles mitzuschreiben. Was sie sagen, ist so wunderschön, dass ich es, nachdem ich es einmal gehört habe, noch mal richtig auskosten will. Ich dehne es aus, indem ich mir alles am nächsten Morgen noch einmal durchlese und es genieße. Ich stehe extra früher dafür auf. Es gibt mir eine Energie, die ich körperlich spüren kann. Und ich brauche sie auch, bei dem vollen Terminplan, den ich habe. Wenn ich diese Energie nicht hätte, dann wäre ich längst ausgebrannt.

Letzte Woche in San Francisco, da war am Ende des Seminars nicht mehr viel Zeit, ich wollte noch rechtzeitig zu meinem Flugzeug kommen. Und meine Kollegin, mit der ich den Workshop gegeben habe, schlug vor, dass wir statt der üblichen Abschlussrunde, in der jede Person sich mitteilen kann, eine Minute lang schweigen und schweigend unsere Dankbarkeit teilen. Ich habe einmal im Kreis herum jeder Person in die Augen geschaut und geweint, so tief berührt und angefüllt war ich von der Dankbarkeit, die ich dort sah.

Also schrieb ich danach auf: „Ich habe in diesem Moment erfahren *wieviel* tiefe Güte in den Menschen ist, und ich habe unsere göttliche Kraft deutlicher gespürt als je zuvor."

Ja, und daher nehme ich die Energie.

Und im gleichen Moment – während ich all das feiere – ist mir bewusst, wie viele Menschen hungrig sind nach Dankbarkeit und nie etwas bekommen.

Dann werde ich stinksauer auf die göttliche Energie: Wieso ist das Leben so verdammt ungerecht? Ich verstehe die göttliche Energie nicht. Ich bekomme so viel und andere so wenig.

Aber es wäre ja schade, es deshalb nicht zu genießen, oder? Also versuche ich, den Schmerz und die Dankbarkeit zu verbinden und daran zu arbeiten, dass alle Menschen auf dieser Welt bekommen, was sie brauchen.

So hat sich diese Kiste mit Dankbarkeits-Tagebüchern gefüllt. Daraus könnte man auch ein schönes Buch machen. Diese täglichen Dokumentationen meiner Dankbarkeit: das ist mein Leben.

Ich bin ganz sicher, dass Sie spüren konnten, wie *sehr ich unser Gespräch genossen habe. Trotzdem möchte ich es noch einmal sagen: Ich bin Ihnen dankbar für diesen besonderen Kontakt, der im Laufe unseres Interviews entstanden ist, für die Offenheit und für die Leichtigkeit. Dafür, etwas von der Kraft zu spüren, die Sie treibt. Und für all die vielen Momente tiefer Berührung. Ich nehme unendlich viel Inspiration für meinen persönlichen Weg mit. Seitdem ich Sie bei der Arbeit mit Menschen erlebt habe, habe ich die Hoffnung, dass Veränderung und Heilung möglich sind.*

Ich freue mich darauf, diese Erfahrung mit all den Menschen zu teilen, die das Buch, das daraus entstehen wird, lesen werden.

Ich danke Ihnen. Ich bin froh, dass ich auf diese Weise einen Beitrag leisten konnte.

Anmerkungen

1 Ein Kurs in Wundern. Textbuch/Übungsbuch/Handbuch für Lehrer, 5. überarb. Aufl. Gutach 2001.

2 Walter Wink: Engaging the Powers. Discernment and Resistance in a World of Domination, Minneapolis 1992.

3 Marshall B. Rosenberg: Gewaltfreie Kommunikation, Paderborn 2002.

4 Paul Tillich: Der Mut zum Sein, Stuttgart 1953.

5 M. Rosenberg verwendet im Englischen die Formulierung „Never to do anything that isn't play".

6 Joseph Campbell: Die Masken Gottes, München 1996.

7 Martin Buber, Ich und Du, Heidelberg 1983.

8 Zitiert nach Marshall B. Rosenberg: Gewaltfreie Kommunikation, a.a.O., S. 103.

9 Näheres unter www.gewaltfrei.de oder www.cnvc.org.

10 Ahimsa: „Gewaltlosigkeit"; Satyagraha: „die unvergängliche Umfassung der Wahrheit".

11 Maulana Dschalaluddin Rumi (1207–1273), einer der bekanntesten Sufi-Meister.

12 Die Shell-Jugendstudie 2000 ergab, dass deutsche Jugendliche an Werktagen durchschnittlich zweieinhalb Stunden fernsehen, und am Wochenende durchschnittlich dreieinhalb.

13 In Deutschland kostet ein Häftling 80 € pro Tag, jährlich knapp 30 000 € Angaben des Kriminologischen Forschungsinstituts Niedersachsen 2003.

14 Walter Wink, Engaging the Powers, a.a.O.

15 M. Rosenberg verwendet im Englischen den Begriff „restorative justice".

16 M. Rosenberg verwendet im Englischen den Begriff „protective use of force".

17 Anfang der 1960er-Jahre von Stanley Milgram durchgeführtes Experiment, bei dem die Versuchspersonen aufgefordert wurden, Menschen aus angeblich pädagogischen Gründen mit (vorgetäuschten) Elektroschocks zu behandeln. Obwohl die „Opfer" alle Anzeichen von Schmerz zeigten, waren 70 Prozent der Versuchspersonen bereit, maximale „Strafmaßnahmen" durchzuführen. Nur 30 Prozent weigerten sich, mit den Elektroschocks fortzufahren. Vgl. auch: Stanley Milgram: Das Milgram-Experiment, Reinbek 1974 u.ö.

[18] Nach Angaben des Statistischen Bundesamtes wird in Deutschland derzeit jede dritte Ehe geschieden (Angaben aus dem Jahr 2002).

[19] Marshall B. Rosenberg: Diagnostic Teaching, Seattle 1968 (vergriffen). Vgl. auch: Marshall B. Rosenberg: Life enriching education, Enanitas 2003.

[20] Deutsch erhältlich als: John Holt: Kinder lernen selbständig – oder gar nichts, Weinheim 1999; ders.: Wie kleine Kinder schlau werden, Weinheim 1997.

[21] Ken Wilber: „Eine Spiritualität, die transformiert“, in: Was ist Erleuchtung? Köln 2001.

[22] Vgl. Joanna Macy u. a.: Die Reise ins lebendige Leben, Paderborn 2003.

[23] Vgl. Fußnote 2.

[24] Yolande Mukagasana: La mort ne veut pas de moi, Paris 1997.

[25] Aus Mandelas Antrittsrede als südafrikanischer Präsident.